Klemens Schmitt

Kuriose demokratische Wahl

*Paradoxien und Ungereimtheiten bei
Wahlen und Abstimmungen –
Analysen, Mathematisches und
Politisches zu Wahlsystemen*

Verlag: tradition GmbH, Hamburg
ISBN: 978-3-7345-3729-5
Printed in Germany

Bibliografische Information der Deutschen Nationalbibliothek: Die Deutsche Nationalbibliothek verzeichnet diese Publikation in der Deutschen Nationalbibliographie; detaillierte bibliografische Daten sind im Internet über http://dnb.d-nb.de abrufbar.

Inhalt

Wahlen und Abstimmungen: System ist egal – es ist immer paradox

Wenn ein Kandidat für ein Abgeordnetenmandat oder für ein Bürgermeisteramt gegenüber *jedem* anderen Bewerber mehrheitlich bevorzugt wird, kann es trotzdem sein, dass er nicht gewählt wird – selbst dann nicht, wenn durch einen zweiten Wahlgang mit nur noch zwei Kandidaten sichergestellt wird, dass auf den Sieger eine absolute Stimmenmehrheit entfällt. Auch kann der Fall eintreten, dass ein Kandidat nur deshalb nicht gewählt wird, weil er im ersten Wahlgang *zu viele* Stimmen erreicht hat.

Bei der Verhältniswahl kommt es vor, dass einer Partei ein zusätzlicher Sitz dadurch zufällt, dass eine *andere* Partei zusätzliche Stimmen erhält.

Werden Personen- und Parteienwahl wie in Deutschland bei der Wahl des Bundestags und der meisten Landtage in Form des *personalisierten Verhältniswahlrechts* miteinander verknüpft, kann nicht ausgeschlossen werden, dass der Wähler sowohl mit seiner Erst- wie mit seiner Zweitstimme das Gegenteil dessen bewirkt, was er mit seinem Votum beabsichtigt. Bezüglich der Zweitstimme bedeutet das: Als Folge von *mehr Stimmen* gewinnt eine Partei *ein Mandat weniger*. Dieser seltsame Effekt ist in den letzten Jahren als negatives Stimmgewicht auch einer breiten Öffentlichkeit bekannt geworden – im Unterschied zu einer Vielzahl weiterer, teils oben schon angesprochener, paradoxer Erscheinungen bei der Verhältniswahl wie auch bei Direktwahlen. Vorliegendes Büchlein stellt einige dieser interessanten und demokratietheoretisch ja nicht unproblematischen Phänomene zusammen. Und es zeigt auf, dass es gar kein Wahlverfahren geben kann, das von solchen paradoxen Folgen völlig frei ist und allen landläufigen Vorstellungen von wirklicher Demokratie Rechnung trägt.

Diese Problematik besteht nicht nur bei der Wahl von Parlamenten und von Einzelpersonen, sondern auch bei der Beschlussfassung über

Sachfragen. In der Demokratie soll gelten, was das Volk bzw. die Bürgerschaft einer Gemeinde bzw. ein dazu berufenes Gremium, z.B. ein Parlament, will. Dazu muss herausgefunden werden, *was* die jeweilige Population der Entscheidungsträger will. Und das ist nicht so einfach, wie es zunächst scheint. Was jeder Einzelne will, kann man erfragen. Wenn es in einer zu entscheidenden Frage nur zwei Möglichkeiten gibt, ist auch der Wille der Gesamtheit noch problemlos feststellbar: Das Votum der *Mehrheit* gilt dann selbstverständlich als gemeinschaftlicher Wille. Sehr viel schwieriger ist es, wenn es mehr als zwei Möglichkeiten bei der Entscheidung gibt und für keine eine (absolute) Mehrheit unter den Abstimmenden existiert. Dann gibt es häufig Konstellationen, bei denen das Beschlussergebnis vom Abstimmungs*verfahren* abhängt. Das bedeutet aber nicht weniger, als dass das Volk bzw. Gremium die Entscheidung nur formal, de facto aber eben nicht trifft. Das Buch wird deutlich machen: Bei *allen* Abstimmungsverfahren kann es zu widersinnig erscheinenden Effekten kommen, was ja ganz grundlegende Fragen zur Demokratie aufwirft: Kann bei entsprechenden Situationen überhaupt von demokratisch zustande gekommener Beschlussfassung die Rede sein? Muss man etwa viel bescheidener bei den Anforderungen an Demokratie sein als man es mangels Problembewusstseins allenthalben ist?

Abstimmungen über Sachfragen und Wahlen von Einzelpersonen

Ob ein Wahlkreisabgeordneter, ein Bürgermeister oder ein Vereinsvorsitzender zu wählen oder auch durch ein Gremium ein Beschluss in einer Sachfrage zu fassen ist: Stets ist von einer Gemeinschaft eine Entscheidung für eine von mehreren Alternativen zu treffen. Die Entscheidung wird dann durch eine *Abstimmung* herbeigeführt. Abstimmen heißt: Die Meinungen aller werden entgegengenommen und aus diesen die Meinung der Gemeinschaft („kollektive Meinung" oder „soziale Meinung") abgeleitet. Das kann nach verschiedenen Verfahren geschehen, wobei es bei Sachfragen natürlich prinzipiell die gleichen Möglichkeiten gibt wie bei Wahlen von Einzelpersonen.

Wenn auf einen der (Sach- oder Personal-)Vorschläge die Stimmen der Mehrheit[1] entfällt, wird dieser Vorschlag gemeinhin unstrittig als gemeinschaftliche Meinung und damit als beschlossen akzeptiert. In diesem Fall treten nie wirkliche Ungereimtheiten auf. Es kann natürlich sein, dass die so beschlossene Option dann nicht nur von der Mehrheit als die beste, sondern gleichzeitig auch von mehr Beteiligten als die schlechteste Lösung beurteilt wird als es bei jeder anderen der Fall ist, so zum Beispiel bei der Präferenzverteilung zu drei Vorschlägen A, B, C, wie sie mit der Tabelle auf der nächsten Seite gegeben ist. Auf Vorschlag A entfällt mit 11:10 Stimmen die absolute Mehrheit der Erstpräferenzen. Gleichzeitig halten zehn Stimmführer A für die schlechteste Lösung, bei B und C ist das dagegen nur fünf- bzw. sechsmal der Fall. Das ist aber nicht paradox und gilt auch nicht als problematisch: Es ist ja keine Mehrheit, die A am stärksten ablehnt, sondern nur ein höherer Anteil als bei den anderen Vorschlägen.

---

[1] Unter *Mehrheit* verstehen wir immer: Mehr als sie Hälfte der abgegebenen Stimmen. Werden Stimmenthaltungen als nicht abgegebene Stimmen gewertet, ist dieser Begriff identisch mit dem zur Verdeutlichung, aber dann ohne andere Bedeutung verwendeten Bezeichnung *absolute Mehrheit*.

als bester Vorschlag beurteilt (Erstpräferenz)	als zweitbester Vorschlag beurteilt (Zweitpräferenz)	als schlechtester Vorschlag beurteilt	Anzahl Abstimmender
A	B	C	6
A	C	B	5
B	C	A	5
C	B	A	5

Eine Mehrheit ist aber oft für keinen bei mehr als zwei Vorschlägen gegeben. Von welcher Alternative kann dann mit einiger Berechtigung gesagt werden, sie sei nach gemeinschaftlicher Meinung die beste Lösung? Welches Abstimmungsverfahren liefert dazu eine plausible Antwort? Hinsichtlich dieser Frage begutachten wir in den folgenden Abschnitten eine Reihe von Abstimmungsmethoden. Vorab sei schon angekündigt: Keines dieser Verfahren erweist sich als rundum zufriedenstellend und ist frei von seltsam erscheinenden Nebenfolgen.

Das K.-o.-System und das Paradoxon von Condorcet: Man will lieber A als B und lieber B als C, aber auch lieber C als A

In Vorderhausen, wo es 29 Gemeindevertreter gibt, steht eine wichtige Entscheidung an: Es gilt, den Namen für eine neue Straße festzulegen. Hierzu sind drei Vorschläge eingegangen:

Vorschlag 1:   Feldstraße
Vorschlag 2:   Waldgasse
Vorschlag 3:   Wiesenallee

In der Gemeindevertretung Vorderhausens spielen Parteizugehörigkeiten keine Rolle. Jeder gibt sein Votum nach eigener Überzeugung ab.

Würde man alle drei Vorschläge in einem Abstimmungsgang zur Wahl stellen, so bekäme – davon geht der Vorsteher der Gemeindevertretung aus – kein Vorschlag die erforderliche Mehrheit der abgegebenen Stimmen. Die Entscheidungsfindung erfordert also zwei Abstimmungsgänge. Der Vorsteher legt nun folgendes Verfahren fest: Zunächst werden nur zwei Vorschläge zur Wahl gestellt. Der Vorschlag, auf den weniger Stimmen entfallen, scheidet für die Entscheidung aus. Der Vorschlag mit der höheren Stimmenzahl steht hingegen in der zweiten Abstimmungsrunde nochmals, und zwar jetzt natürlich alternativ zum dritten Vorschlag, zur Wahl. Erhält einer der beiden Vorschläge dabei eine Mehrheit (was jedenfalls dann der Fall ist, wenn es keine Stimmenthaltungen gibt), so ist dieser damit von der Gemeindevertretung beschlossen.

Da hier in jeder Abstimmungsrunde zwei Vorschläge in direktem Vergleich stehen und der unterlegene ausscheidet, übernehmen wir für die Methode die Bezeichnung, die für entsprechendes Reglement bei Sportwettbewerben bekannt ist, und sprechen vom *K.-o.-System*.

Die Befürworter eines Vorschlags, der in einer Entscheidungsrunde nicht zur Abstimmung steht, votieren jeweils für diejenige Alternative, die sie von den beiden übrigen bevorzugen (also gemäß ihrer „Zweitpräferenz").

Für die erste Abstimmung stellt der Vorsteher die Vorschläge 1 und 2 – „Feldstraße" und „Waldgasse" – zur Wahl. Das Ergebnis:

Feldstraße: 19 Stimmen
Waldgasse: 10 Stimmen

Die Bezeichnung „Feldstraße" wird gegenüber „Waldgasse" also von der Gemeindevertretung klar bevorzugt, sodass der Vorschlag „Waldgasse" ausscheidet. Beim zweiten Durchgang ist demnach zwischen den Vorschlägen „Feldstraße" und „Wiesenallee" zu entscheiden. Dabei ergibt sich:

Feldstraße: 13 Stimmen
Wiesenallee: 16 Stimmen

Damit ist die Entscheidung gefallen. Die neue Straße erhält die Bezeichnung „Wiesenallee".

Bei der Bürgerinitiative ProWaldgasse wundert man sich über das Resultat. Dass die von ihr geforderte Namensgebung schon im ersten Wahlgang regelrecht abgeschmettert wurde, steht im Gegensatz zu den Eindrücken, die man in Gesprächen mit allen Gemeindevertretern gewonnen hatte. Denn da hatte es so ausgesehen, als wären die Präferenzen für die drei Vorschläge einigermaßen gleichmäßig verteilt, sodass man für „Waldgasse" durchaus eine Chance gesehen hatte. Durch Nachfragen bei den Gemeindevertretern erfahren sie nun, dass der Mehrheit statt „Wiesenallee" eigentlich das Ergebnis „Waldgasse" lieber gewesen wäre. Es hätten – so die Erklärungen der Entscheidungsträger – sich folgende Stimmenzahlen ergeben, wenn zwischen „Waldgasse" und „Wiesenallee" hätte entschieden werden können:

Waldgasse: 18 Stimmen
Wiesenallee: 11 Stimmen

Haben sich die Gemeindevertreter gegenüber der Bürgerinitiative anders geäußert, als sie tatsächlich votiert haben? Der Vorsitzende der Bürgerinitiative will es jetzt genau wissen und befragt jedes Mitglied der Gemeindevertretung, welchen der drei Namensvorschläge er bevorzugt und welche der beiden übrigen Alternativen er für die bessere erachtet. In der Tabelle auf der rechten Seite sind die Häufigkeiten für die sechs möglichen Kombinationen von „Erst-" und „Zweitpräferenz" aufgelistet, wie sie sich durch die Befragung ergeben, bei der jeder Gemeindevertreter bereitwillig Auskunft gibt.

Die Ergebnisse der Abstimmungen sowie auch der Nachfrage durch die Bürgerinitiative stehen in vollem Einklang mit den aufgelisteten Zahlen: Bei der ersten Abstimmung („Feldstraße" oder „Waldgasse") entschieden sich diejenigen mit den Erst-/Zweitwunschkombinationen der Zeilen 1, 2 und 5 für „Feldstraße", das ergibt 9+2+8, also 19 Stimmen für „Feldstraße" und damit 10 Stimmen für „Waldgasse". Entsprechend bei der zweiten Abstimmung („Feldstraße" oder „Wiesenallee"): 7+8+1 (Zeilen 4, 5 und 6) = 16 Stimmen für „Wiesenallee", 9+2+2 (Zeilen 1, 2, 3) = 13 Stimmen für „Feldstraße". Und bei der Nachfrage („Waldgasse" oder „Wiesenallee"): 9+2+7 (Zeilen 1, 3, 4) =

18 Stimmen für „Waldgasse", mithin 2+8+1 (Zeilen 2, 5, 6) = 11 Stimmen für „Wiesenallee".

	Erstpräferenz	Zweitpräferenz	Anzahl Gemeindevertreter
1	Feldstraße	Waldgasse	9
2	Feldstraße	Wiesenallee	2
3	Waldgasse	Feldstraße	2
4	Waldgasse	Wiesenallee	7
5	Wiesenallee	Feldstraße	8
6	Wiesenallee	Waldgasse	1
			29

Wie das Beispiel zeigt, kann also Folgendes vorkommen:

Bei drei Alternativen A, B, C wird von einem Gremium

Alternative A gegenüber Alternative B bevorzugt und
Alternative B gegenüber Alternative C bevorzugt, aber auch
Alternative C gegenüber Alternative A bevorzugt.

Vermutlich erstmals wurde darauf 1785 vom französischen Wahltheoretiker Marquis des Condorcet[2] aufmerksam gemacht, nach ihm wird das Phänomen als Condorcet-Paradoxon bezeichnet. Selbstverständlich kann es auch bei mehr als drei Alternativen auftreten.

Bei einer Einzelperson würde man es im Allgemeinen als irrational ansehen, wenn die Präferenzen bei drei Optionen zyklisch wären: Würde ein Gemeindevertreter erklären, als Straßenbenennung wäre ihm „Feldstraße" lieber als „Waldgasse", „Wiesenallee" wiederum lieber als „Feldstraße", so würde es als schizophren erscheinen, wenn er äußerte, „Waldweg" sei im Vergleich zu „Wiesenweg" die bessere Wahl. Bei Einzelpersonen gehen wir also davon aus, dass die Ent-

---

[2] Marie Jean Antoine Nicolas Caritat, Marquis de Condorcet (1743-1794), französischer Philosoph, Mathematiker und Politiker

scheidungen im paarweisen Vergleich nicht zyklisch, sondern immer – wie sich Mathematiker ausdrücken – *transitiv* sind.[3]

Wird aber in einer Gruppe aus den transitiven Präferenzen der Einzelnen paarweise für die Optionen jeweils die Gruppenpräferenz aggregiert, so können – wie gesehen, das ist das Condorcet-Paradoxon – diese sozialen Präferenzen zyklisch sein.

Das bedeutet, dass das Ergebnis der Beschlussfassungsprozedur (bei drei zur Debatte stehenden Möglichkeiten) davon abhängt, welche zwei Alternativen in der ersten Runde zur Abstimmung gestellt werden – letztlich wird für keine dieser zwei Optionen bei zyklischer Präferenzkonstellation entschieden, sondern dann immer für den dritten, erst im zweiten Gang zur Wahl stehenden Beschlussvorschlag. Der Vorsteher, der über die Reihenfolge entscheidet, in der die Vorschlagspaare zur Wahl gestellt werden, kann also bei einer solchen Konstellation seine eigene Präferenz durchsetzen, indem er diese erst im zweiten Abstimmungsgang zur Wahl stellt.

Daraus folgt natürlich, dass ein solches Entscheidungsverfahren nicht akzeptabel ist. Doch wie könnte ein besseres aussehen?

Bevor wir dieser Frage nachgehen, betrachten wir nochmals die Lage in Vorderhausen. Die Gemeindevertretung hat für „Wiesenallee" entschieden. Bei der Bürgerinitiative ProWaldgasse weiß man aber inzwischen, dass sich für „Waldgasse" mehr Stimmen ergeben hätten als für das beschlossene „Wiesenallee". Man vermutet nun, dass auch in der gesamten Bürgerschaft der Vorschlag der Bürgerinitiative gegenüber dem Beschluss der Gemeindevertretung mit klarer Mehrheit bevorzugt würde und setzt daher einen Bürgerentscheid in Gang.

Es seien nun tatsächlich die Meinungen in der Bürgerschaft ähnlich verteilt wie in ihrer Vertretungskörperschaft, nämlich so:

---

[3] Oder doch nicht? Der Exkurs auf den Seiten 22ff. könnte Zweifel aufkommen lassen.

	Erstpräferenz	Zweitpräferenz	prozentualer Anteil in der Bürgerschaft
1	Feldstraße	Waldgasse	31%
2	Feldstraße	Wiesenallee	7%
3	Waldgasse	Feldstraße	7%
4	Waldgasse	Wiesenallee	24%
5	Wiesenallee	Feldstraße	28%
6	Wiesenallee	Waldgasse	3%

Beim Bürgerentscheid wird nun über den Vorschlag „Waldgasse" abgestimmt. Der Wähler stimmt dabei mit „Ja" oder „Nein", ist sich aber natürlich darüber im Klaren, dass es für den Fall der Ablehnung des Vorschlags bei der Entscheidung der Gemeindevertretung bleibt. Sind nun bei denen, die sich am Bürgerentscheid beteiligen, die Präferenzen genauso verteilt wie in der Bürgerschaft insgesamt, so ergibt sich:

Ja (für Waldgasse): 62% (Die Bürger mit den Präferenzen der Zeilen 1, 3 und 4 stimmen so ab.)

Nein (gegen Waldgasse): 38% (So votieren die Bürger mit den Präferenzen der Zeilen 2, 5 und 6.)

Mit großer Mehrheit wird also der Antrag der Bürgerinitiative angenommen – und damit der Beschluss des Gemeinderats mit einem donnernden Paukenschlag gekippt. Von „schallender Ohrfeige" und „krachender Niederlage" für die Gemeindevertreter ist daher in der örtlichen Presse die Rede. „Jeden Bezug zur Wählerbasis verloren" hätten die Ratsmitglieder, würden „abgehoben" ihre Entscheidungen treffen usw.

In Wirklichkeit aber gibt es zwischen den Auffassungen der Bürgerschaft und ihrer Vertretung überhaupt keinen Unterschied. Hätten die Gemeindevertreter zwischen „Waldgasse" und „Wiesenweg" entscheiden können, so hätten sie keine andere Wahl getroffen als die Bürger. Hätte dem Gemeinderat diese Alternative im zweiten Wahlgang vorgelegen (nach Ausscheiden von „Feldstraße" gegen „Wiesenallee" im ersten), wäre es also zum Ratsbeschluss „Waldgasse" gekommen, sodass dann eine andere Bürgerinitiative, eine für „Feldstraße", ebenfalls einen Bürgerentscheid hätte gewinnen können, und zwar sogar mit einer 66%-Mehrheit. Eine Bürgerinitiative gewinnt einen Bürgerentscheid bei solchen Gegebenheiten offenbar immer dann, wenn der von ihr unterstützte Vorschlag im ersten Wahlgang zur Abstimmung steht und gleich ausscheidet. Beim oben gegebenen Ratsbeschluss „Wiesenallee" hätte dagegen eine Feldstraßen-Bürgergruppe keine Chance gehabt – deren Vorschlag hätte gegenüber „Wiesenallee" genauso verloren wie bei den Ratsherren. Der Vorschlag „Feldstraße" hat zwar mit elf Befürwortern (gegenüber jeweils neun für die beiden anderen Optionen) die größte Zustimmung bei den Ratsherren (und ebenso in der Bürgerschaft) und steht auch bei den Zweitwünschen mit zehn Nennungen (bei ebenfalls zehn bzw. neun für die Gegenvorschläge) nicht schlechter da als jede andere Option, entspricht also klar am ehesten dem Mehrheitswillen, wird aber weder vom Rat beschlossen noch kann er Ergebnis des Bürgerentscheids werden. Ersteres nicht, weil der Vorschlag schon im ersten Abstimmungsgang zur Auswahl steht, Letzteres auch nicht, weil der Vorschlag im Bürgerentscheid die Gegenposition zu der Option „Wiesenallee" darstellen würde, gegen die er nicht mehrheitsfähig ist.

Einzelabstimmungen mit „Ja" oder „Nein": Unveränderte Problematik

Statt jeweils zwei Alternativen paarweise zur Wahl zu stellen, kann man natürlich auch der Reihe nach über jeden Vorschlag einzeln abstimmen lassen. Die Ratsherren votieren dann jeweils mit „Ja" oder mit „Nein" (oder sie enthalten sich der Stimme, selbstverständlich ist auch das möglich). Wir wollen klären, ob bei solchem Vorgehen die Problematik vermieden wird, die wir für sukzessiv-paarweise Auswahl erkannt haben.

Wird ein Vorschlag beim „Ja-oder-Nein-Verfahren" mehrheitlich angenommen, so ist er beschlossen, die Entscheidungsprozedur also beendet, sodass dann kein Gegenvorschlag mehr zur Disposition steht. In dieser einfachen Situation würde es allerdings auch beim K.-o.-System kein Problem geben: Ein Vorschlag, den die Mehrheit unterstützt, hätte ja gegen jeden anderen Vorschlag eine Mehrheit, so dass keine zyklische Präferenzordnung vorliegen könnte. Weniger klar ist es im anderen Fall, wenn der Vorschlag also keine Mehrheit gefunden hat. Hierfür muss klar geregelt sein, ob der nicht angenommene Vorschlag damit endgültig ausgeschieden ist oder ob er wieder in die Debatte zurückgeholt wird, wenn auch alle übrigen Vorschläge abgelehnt werden.

Gilt Letzteres, so muss nach Ablehnung aller Vorschläge nach einem anderen Verfahren eine Entscheidung herbeigeführt werden. Das „Ja-oder-Nein-System" hätte nicht mehr erbracht als ein einziger Abstimmungsgang über alle Vorschläge, bei dem sich jeder für eine von (mindestens) drei Alternativen entscheidet.

Ein Vorteil von „Ja-oder-Nein" kann also, wenn überhaupt, nur dann bestehen, wenn die Ablehnung eines Vorschlags dessen endgültiges Ausscheiden zur Folge hat. Dann votiert ein Befürworter eines bereits abgelehnten Vorschlags bei den verbleibenden Alternativen für diejenige, die er unter diesen für die noch beste hält.[4]

Eine solche Prozedur hat aber offenbar die gleiche paradoxe Folge wie das K.-o.-Verfahren nach Paaren: Das Ergebnis hängt bei entsprechenden Konstellationen allein davon ab, in welcher Reihenfolge die Einzelabstimmungen stattfinden. Wäre zum Beispiel der Gemeinderatsvorsteher in Vorderhausen so vorgegangen und hätte zunächst über „Feldstraße", dann über „Waldgasse" abstimmen lassen, so hätte sich ergeben (siehe Tabelle auf Seite 15):

---

[4] Spätestens bei der Abstimmung über den vorletzten Vorschlag handelt es sich dann allerdings, wenn auch nicht formal, so aber doch de facto um eine Entscheidung zwischen zwei Alternativen: Wird der vorletzte Vorschlag abgelehnt, bleibt ja nur noch der letzte übrig. In der Praxis wird man deshalb bei der vorletzten Abstimmung (wenn es anfangs drei Alternativen gab, ist das schon die zweite) zur Paarauswahl übergehen.

1. Abstimmung über „Feldstraße": 11 Ja-, 18 Neinstimmen, Vorschlag abgelehnt

2. Abstimmung über „Waldgasse": 18 Ja-Stimmen (zu den 9 Befürwortern von „Waldgasse" kommen weitere 9, deren Erstwunsch „Feldstraße" schon ausgeschieden ist), 11 Neinstimmen

Der Vorschlag „Waldgasse" wäre damit angenommen. Das wäre auch der Fall gewesen, wenn in der zweiten Runde über „Wiesenweg" zu entscheiden gewesen wäre (Ablehnung mit 11:18 Stimmen, womit nur noch „Waldgasse" übrig geblieben wäre). Hätte allerdings bei der ersten Runde bereits „Waldgasse" zur Abstimmung gestanden, so wäre der Vorschlag mit 9:20 Stimmen (also mit Zweidrittelmehrheit!) abgeschmettert worden; im Ergebnis wäre es zum Beschluss „Wiesenallee" gekommen. Bei Erstentscheidung über „Wiesenallee" hätte sich letztlich „Feldstraße" ergeben.

Wir stellen also fest: Der Modus, nach dem in jeder Runde jeweils nur ein Vorschlag zur Abstimmung steht, wobei dieser bei mehrheitlicher Zustimmung beschlossen ist (sodass dann kein weiterer Vorschlag mehr zur Debatte steht), ebenso aber auch eine Ablehnung endgültig ist (sodass in einem nachfolgenden Gang die Entscheidung für einen anderen Vorschlag gefällt werden muss), ist nur formal anders als das paarweise Vorgehen; es gibt aber keine prinzipiellen Unterschiede zwischen den beiden Verfahren. Insbesondere gilt bei beiden: Das Beschlussergebnis hängt bei zirkulärer Präferenzordnung nicht davon ab, welche Alternativen mehr und welche weniger Zustimmung haben, sondern allein von der Reihenfolge, in der die Vorschläge zur Disposition gestellt werden – also entweder vom Zufall (wenn die Reihenfolge willkürlich festgelegt oder sogar ausgelost wird) oder vom Abstimmungsleiter, wenn dieser – was natürlich noch bedenklicher als das reine Zufallsergebnis wäre – gezielt eine Abfolge festlegt, um einem bestimmten Vorschlag zum Durchbruch zu verhelfen.

Allerdings kann es sein, dass manchmal der eine, manchmal auch der andere Modus der praktikablere ist. Das „Ja-Nein-Verfahren" ist beispielsweise dann naheliegender, wenn eine der Möglichkeiten darin besteht, *alle* zu einer Frage vorliegenden Anträge abzulehnen. Auch wenn eine Sortierung danach möglich ist, welche Alternative man als *weitergehend* bezeichnen kann, ist der „Ja-Nein-Weg" der angemessenere.

Beides ist in folgendem Beispiel der Fall: Der örtliche Sportverein hat die Gemeinde um einen Zuschuss von 5000 € zur Renovierung der vereinseigenen Umkleideräume ersucht. Einige Ratsmitglieder wollen den Zuschuss in der gewünschten Höhe gewähren (Antrag 1), einige wollen nur 3000 € genehmigen (Antrag 2), andere sind der Meinung, dass dem Verein gar kein Geld zur Verfügung gestellt werden sollte. Letztere Möglichkeit würde zwar kaum als Antrag gestellt, vielmehr würde sie sich durch Ablehnung der beiden Anträge realisieren. Gleichwohl stehen durchaus drei Alternativen zur Abstimmung. Am sinnvollsten dürfte es dann sein, so vorzugehen:

1. Runde: Abstimmung über den weitergehenden Vorschlag 1; wird ihm mehrheitlich zugestimmt, ist er beschlossen. Vorschlag 2 kommt dann nicht mehr zur Abstimmung. Wird Vorschlag 1 abgelehnt, so folgt

2. Runde: Abstimmung über Vorschlag 2 – was faktisch eine Abstimmung zwischen den zwei verbliebenen Möglichkeiten ist: 3000 € oder gar kein Zuschuss.

Hier werden die Befürworter von Vorschlag 1 vermutlich bei dessen Ablehnung anschließend für Vorschlag 2 votieren (der Standpunkt „der Verein braucht 5000 €, da nützen ihm 3000 € nichts" ist zwar denkbar, aber eher die Ausnahme); die Zirkelkonstellation kann dann nicht auftreten. Meistens muss aber über Fragen entschieden werden, bei denen von mehr oder weniger weit gehenden Alternativen kaum gesprochen werden kann.

Oft wird in solchen Fällen einfach behauptet, ein bestimmter Vorschlag sei der weitestgehende und darüber dann eine heftige Geschäftsordnungsdebatte geführt – weil eben viele wissen oder zumindest ahnen, dass sich allein aufgrund dieser Festlegung das Beschlussergebnis entscheiden kann.

Exkurs: Auch bei einer Einzelperson zyklische Präferenzordnung möglich?

Herr Kluge will sehr kurzfristig seinen Urlaub buchen. Das Angebot hierfür ist im Reisebüro sehr begrenzt: Mit Griechenland und Südtirol stehen gerade noch zwei Ziele zur Auswahl, wobei in Griechenland antike Stätten in einer Rundreise besichtigt werden könnten, während der Aufenthalt in Südtirol Wanderungen in herrlichen Gebirgslandschaften ermöglichen würde. Da Herr Kluge seine Entscheidungen sehr rational zu fällen pflegt, überlegt er zunächst, nach welchen Kriterien er Vor- und Nachteile der beiden Alternativen beurteilen will. Er kommt zu dem Ergebnis, dass für ihn drei Punkte ausschlaggebend und alle gleich wichtig sind:

1. Bei welchem Angebot wird kulturell mehr geboten?
2. Bei welchem Angebot kann er mehr Naturschönheiten genießen?
3. Welches Angebot verspricht den höheren Erholungswert?

Da Herr Kluge zwei der drei Fragen (die zweite und die dritte) zugunsten Südtirols und nur eine (die erste) zugunsten Griechenlands beantwortet, bittet er um Buchung des Südtirol-Aufenthalts.

Bei Kontaktaufnahme mit dem Reiseveranstalter stellt sich nun heraus, dass auch die letzten Südtirolreisen mittlerweile vergeben wurden. Gleichzeitig geht im Reisebüro die Information ein, dass Plätze für eine Donaukreuzfahrt frei geworden seien. Herr Kluge steht nun also vor der Alternative: Griechenlandrundreise oder Donaukreuzfahrt. Er stellt sich die gleichen Fragen wie oben und entscheidet sich jetzt für Griechenland, das nach seiner Einschätzung nicht nur kulturell, sondern auch hinsichtlich der Natur (Fragen 1 und 2) mehr zu bieten hat als die Kreuzfahrt, für die lediglich der Faktor Erholung spricht.

Es gibt aber erneut Schwierigkeiten: Auch das Griechenland-Kontingent erweist sich als zwischenzeitlich schon vergriffen. Nun kommt aber ein Rückruf des Südtirol-Reiseveranstalters mit der Mitteilung, man könne Südtirol doch noch anbieten. Der Reisebüromitarbeiter erwartet nun, dass Herr Kluge erfreut einen Vertrag mit Reiseziel Südtirol abschließt. Zu seinem Erstaunen hört er aber von Herrn Kluge, er ziehe die Donaukreuzfahrt vor.

Herr Kluge hat wieder ganz rational entschieden: Er sieht die Kreuzfahrt bezüglich Kultur und Erholung, also in zwei der drei wesentlichen Punkte, gegenüber dem Wanderurlaub als vorteilhaft an, der für ihn lediglich hinsichtlich des Naturerlebens mehr bietet.

Also: Herr Kluge fährt lieber nach Südtirol als nach Griechenland und unternimmt lieber eine Griechenlandreise als eine Donaukreuzfahrt, aber er zieht die Donaukreuzfahrt einer Südtirolreise vor![5]

Hat er bei der Beantwortung seiner drei essentiellen Fragen einen Fehler gemacht? Nein, er schätzt die drei Reisealternativen im Hinblick auf Kultur, Natur und Erholung offenbar so ein (an erster Stelle jeweils die Reise, die im jeweiligen Punkt das meiste bietet):

Kultur:	Griechenland – Donaukreuzfahrt – Südtirol
Natur:	Südtirol – Griechenland – Donaukreuzfahrt
Erholung:	Donaukreuzfahrt – Südtirol – Griechenland

Und da steht in der Tat Südtirol zweimal vor der Griechenlandreise, diese zweimal vor der Kreuzfahrt, die zweimal vor Südtirol rangiert.

Stehen alle drei Urlaubsziele zur Auswahl, so hat man den Eindruck, dass die Vorzüge in etwa gleichmäßig verteilt sind. Dann können aber Kluges Entscheidungen in den drei Situationen nicht so rational gewesen sein, wie sie zunächst erscheinen. Wo stimmt etwas nicht? Warum wird die gleichmäßige Verteilung vorteilhafter Seiten nicht mehr sichtbar, wenn eine der Alternativen wegfällt?

---

[5] Meines Wissens wurde auf dieses Paradoxon erstmals von Paul R. Halmos (1916-2006; US-amerikanischer Mathematiker ungarischer Herkunft) aufmerksam gemacht. Bei dessen Beispiel für eine individual-zyklische Präferenzordnung ging es um die Auswahl eines Kuchenstücks, wobei zwischen Apfelkuchen, Blaubeerkuchen und Kirschkuchen zu entscheiden war.

Lässt man beispielsweise die Donaufahrt weg, so sehen die Rankings bezüglich der drei Kriterien so aus:

Kultur: Griechenland – Südtirol
Natur: Südtirol – Griechenland
Erholung: Südtirol – Griechenland

Die Entscheidung für Südtirol lässt hier, wie beim Vergleich mit obigen Reihenfolgen mit allen drei Alternativen auffällt, unbeachtet, dass Griechenland kulturell *mit weitem Abstand* mehr als Südtirol zu bieten hat, während bei den beiden anderen Entscheidungsmerkmalen der „Vorsprung" Südtirols wesentlich knapper ist. Bei einem wirklich rationalen Entscheidungsprozess müsste also in irgendeiner Weise – etwa durch Bewertung auf einer Skala von 0 bis 10 – berücksichtigt werden, *in welchem Maße* die einzelnen Alternativen die verschiedenen Kriterien erfüllen.

Jedoch: In den seltensten Fällen werden Entscheidungen mit solchem Aufwand getroffen. Da es auf sehr unterschiedliche Weise zu Entschlüssen kommt, kann nicht ganz ausgeschlossen werden, dass sich nicht nur gemeinschaftlich, sondern auch bei einer Einzelperson (die sich dessen nur nicht bewusst wird) wie bei Herrn Kluge eine zyklische Ordnung von Präferenzen ergibt.

Das Runoff-Verfahren: Sukzessives Ausscheiden des Vorschlags mit kleinster Stimmenzahl

Wir haben feststellen müssen: Bei allen Abstimmungsvarianten, bei denen in jeder Runde jeweils nur zwischen zwei Möglichkeiten (sowie evt. zusätzlich noch Enthaltung) zu wählen ist – zwei Vorschläge oder nur einer, dem zugestimmt oder der abgelehnt wird – und dabei die unterlegene Alternative jeweils ausscheidet (K.-o.-System), kann das Beschlussergebnis von der Reihenfolge abhängen, in der über die Alternativen zu entscheiden ist. Dieses gravierende Manko besteht natürlich nicht bei Verfahren, bei denen zunächst *alle* Vorschläge zur

Abstimmung stehen und es bei weiteren Entscheidungsgängen allein von den Ergebnissen der vorherigen abhängt, welche Optionen dann jeweils noch zur Disposition stehen. Solange es sich um Abstimmungen durch eine begrenzte Personenzahl – durch eine Mitgliederversammlung oder durch ein Gremium – handelt, ist dann folgendes Vorgehen am weitesten verbreitet: Nach jedem Wahlgang scheidet immer nur eine Alternative (die mit der geringsten Stimmenzahl) aus, bis von den verbliebenen Möglichkeiten eine mit Mehrheit angenommen wird. Das ist spätestens der Fall, wenn nur noch zwei Möglichkeiten verblieben sind. (Vom Ausnahmefall der Stimmengleichheit, für den eine Sonderregelung, z.B. Losentscheid, getroffen werden muss, sehen wir ab.) Nach dieser als *Runoff-Verfahren* bezeichneten Vorgehensweise werden beispielsweise vom Internationalen Olympischen Komitee die Austragungsorte für Olympische Spiele aus den Bewerberstädten ausgewählt.

Noch mehr als bei Entscheidungen in Sachfragen wird diese Form eines Ausscheidungsverfahrens im Vergleich zu jener mit Ausscheiden jeweils eines Vorschlags nach einem paarweisen Vergleich bevorzugt, wenn es sich um eine Personenwahl handelt. Gibt es etwa für die Position eines Vereinsvorsitzenden mehrere Kandidaten, so erscheint es als abwegig, zunächst nur deren zwei zu Wahl zu stellen, um anschließend den Bewerber mit der höheren Stimmenzahl gegen einen der übrigen antreten zu lassen usw. Vielmehr stellt man üblicherweise auch hier zunächst alle Kandidaten zur Wahl. Entfällt dabei auf einen Vorgeschlagenen die Mehrheit, also mehr als die Hälfte aller Stimmen (außer den Enthaltungen), so ist er selbstverständlich gewählt, der Wahlvorgang also beendet. Andernfalls scheidet für die nächste Wahlrunde der Bewerber mit den wenigsten zuvor erhaltenen Stimmen aus.

Wenn Bürgermeister oder Landräte in Direktwahlen durch die Bürger bestimmt werden sollen, wäre eine solche Prozedur allerdings nicht sehr praktikabel. Es wäre ja dann möglich, dass es erst nach drei oder vier (theoretisch natürlich auch noch mehr) Wahlgängen zu einem Ergebnis kommt. Erst recht kommt das Runoff-Verfahren kaum in Frage, wenn die Bürgerschaft über eine Sachfrage entscheiden soll. In der Regel sind deshalb bei Bürgerentscheiden nur zwei Alternativen (oft „ja" oder „nein" zu *einem* Vorschlag) zugelassen, sodass das Resultat nach einem Abstimmungsgang feststeht.

Letztere Einschränkung ist bei Personenwahlen natürlich indiskutabel. Selbstverständlich müssen z.B. bei einer Bürgermeisterwahl alle vorgeschlagenen und zugelassenen Kandidaten zur Wahl stehen. Das Runoff-Verfahren könnte man hier halbwegs praktikabel machen, indem man jeden Wähler nicht nur seinen Wunschkandidaten benennen, sondern *alle* Bewerber gemäß seinen Präferenzen in eine Reihenfolge bringen lässt. Dann ergibt sich aus diesen Ranglisten, für welchen Vorschlag der Wähler im jeweils weiteren Wahlgang nach Ausscheiden seines Wunschkandidaten votiert hätte, sodass die weiteren Abstimmungsrunden virtuell erfolgen können. Dieses *Instant-Runoff-Verfahren* wird z.B. bei der Direktwahl der Abgeordneten für das Parlament in Australien praktiziert.

In Deutschland haben sich hingegen die Bundesländer, in denen Bürgermeister und Landräte direkt gewählt werden, für Wahlverfahren entschieden, durch welche die Entscheidung jeweils mit höchstens zwei Wahlgängen herbeigeführt wird. In den meisten Ländern ist hierzu bestimmt, dass in der zweiten Runde („Stichwahl") nur noch die beiden Bewerber mit den zwei höchsten Stimmenzahlen zur Wahl stehen.[6] Damit ist immerhin gewährleistet, dass nicht ein Kandidat Wahlsieger werden kann, der von der (absoluten) Mehrheit der Wählerschaft als am ungeeignetsten beurteilt wird. (Das könnte passieren, wenn nach nur einem Wahlgang der Bewerber mit der höchsten Zustimmung schon als gewählt gelten würde; die Wähler aller anderen

---

[6] Es gibt allerdings auch Bundesländer mit Direktwahlen, bei denen im zweiten Wahlgang noch alle Bewerber, unabhängig von ihrem Ergebnis im ersten, antreten dürfen. Diese auch bei der Wahl der französischen Nationalversammlung geltende Form (dort mit der Einschränkung, dass die Zulassung für den zweiten Wahlgang einen Stimmenanteil von 12,5% im ersten voraussetzt) wird als romanische Mehrheitswahl bezeichnet.

Bewerber könnten ja den so Gewählten einmütig für die schlechteste Wahl halten.)

Wenn es nur drei Kandidaten gibt, ist dieses *Two-Round-System* oder *Stichwahlsystem* natürlich völlig identisch mit dem Runoff-System. Auf diesen Fall mit nur drei Wahlvorschlägen werden wir uns in den folgenden Abschnitten beschränken. Dabei wird sich zeigen, dass schon bei drei Alternativen paradoxe Effekte auftreten. Diese sind für den Fall der Bürgermeister-Direktwahl beschrieben. Aber selbstverständlich liegen die Dinge nicht anders, wenn es um die Wahl von Vereinsvorsitzenden geht oder es sich um die Entscheidung für eine von drei Alternativen bei einer Sachfrage handelt.

Kandidat A wird mit Mehrheit gewählt – die Mehrheit hätte aber lieber Kandidat C

Zur Direktwahl eines Bürgermeisters treten die drei Kandidaten A, B, C an. Die Wahl erfolgt im Runoff-Verfahren: Nach der ersten Wahlrunde scheidet der Bewerber aus, der die wenigsten Stimmen erhalten hat. Zwischen den beiden anderen Kandidaten findet eine Stichwahl (= zweiter Wahlgang) statt. Wir gehen davon aus, dass jeder Wähler einen der drei Bewerber am liebsten im Parlament sieht – diesen, seine „erste Präferenz" wählt er natürlich im ersten Wahlgang – ; von den beiden anderen sei ihm der eine lieber („zweite Präferenz") als der andere. Es ist klar: Bei Ausscheiden seines Erstpräferenzkandidaten nach dem ersten Wahlgang würde sich ein Wähler in der zweiten Runde gemäß seiner Zweitpräferenz entscheiden. Ist seine Erstpräferenz noch im Rennen, wählt er diese im zweiten Wahlgang abermals.

Sicher ist dann zwar, dass der Wahlsieger im Vergleich mit dem in der Stichwahl Geschlagenen mehrheitlich bevorzugt wird. Aber es ist möglich, dass auf den im ersten Wahlgang Drittplatzierten eine Mehrheit entfallen wäre, wenn dieser statt des Zweitplatzierten in der Stichwahl hätte antreten können. Das zeigt folgendes Beispiel: Die sechs möglichen Kombinationen aus Erst- und Zweitpräferenz seien in der Wählerschaft zu den in folgender Tabelle angegebenen Prozentanteilen vertreten.

	Erstpräferenz	Zweitpräferenz	Wähleranteil	
1	A	B	5%	35%
2	A	C	30%	
3	B	A	5%	40%
4	B	C	35%	
5	C	A	20%	25%
6	C	B	5%	

Nach dem ersten Wahlgang scheidet C, für den mit 25% der geringste Wählerzuspruch registriert wird, aus. Im zweiten Wahlgang erhält A dann 55% der Stimmen (35%+20%), Bewerber B also 45% (40%+5%). Dass sich A damit vor B setzt, den mehr Wähler für den geeignetsten aller drei Kandidaten halten, spricht natürlich nicht gegen das Verfahren. Der Sinn des zweiten Wahlgangs besteht ja gerade darin, dass ein Bewerber, den die Mehrheit völlig ablehnt (wie es bei den Zahlen im Beispiel bezüglich B sein kann), nicht trotzdem gewählt wird, weil sich die Stimmen der gegen ihn Eingestellten auf verschiedene Kandidaten verteilen. Bedenklich ist das Ergebnis aus einem anderen Grund:

1. Kandidat C ist der Wählermehrheit lieber als Kandidat A: Stünden nur A und C zur Wahl, so erhielte A nur 40% (Summe aus den Zeilen 1 bis 3), C aber 60% (Zeilen 4 bis 6) aller Stimmen.
2. Kandidat C ist der Wählermehrheit aber auch lieber als Kandidat B: Im direkten Vergleich zwischen B und C erhielte B 45% (Zeilen 1, 3 und 4), C also 55% (Zeilen 2, 5 und 6).

Die Mehrheit will demnach C lieber als A und ebenso C lieber als B. Entspräche es dann nicht dem Mehrheitswillen, wenn C auch gewählt würde? Gefühlsmäßig wird man diese Konsequenz wohl als die angemessene ansehen. Da das tatsächliche Ergebnis aber ein anderes ist, müssen wir zur Kenntnis nehmen: Die Wahl eines Bürgermeisters nach dem Mehrheitsprinzip im Runoff-Verfahren kann zu Ergebnissen führen, die bei detaillierter Kenntnis der Präferenzen aller Wähler als nicht demokratisch gerechtfertigt erscheinen.

Mehr Stimmen für Kandidat A kosten ihn den Wahlsieg

Erst- und Zweitpräferenzen für drei Bewerber seien nun so verteilt:

	Erstpräferenz	Zweitpräferenz	Wähleranteil	
1	A	B	31%	40%
2	A	C	9%	
3	B	A	20%	32%
4	B	C	12%	
5	C	A	8%	28%
6	C	B	20%	

Kandidat C kommt im ersten Wahlgang mit 28% auf den kleinsten Stimmenanteil und scheidet aus. In der Stichwahl zwischen A und B erhöht sich der Anteil an B-Wählern von 32% um die 20% C-Wähler, die jetzt für B votieren (Zeile 6); damit erhält B 52% gegenüber 48% für A (Zeilen 1, 2 und 5). B gewinnt somit die Wahl.

Hätte A statt der 9%, für die er die erste und C die zweite Wahl ist (Zeile 2), nur 4% von sich überzeugen können und wäre damit bei den anderen 5% nur zweite Wahl gewesen (in Zeile 2 also nur 4% und in Zeile 5 dann 13%), so hätte A im ersten Wahlgang 35% (statt 40%), B 32% und C 33% erreicht. In der Stichwahl wären dann also nicht A und B, sondern A und C gegeneinander angetreten. Nach dieser Stichwahl wäre dann A mit einem Stimmenanteil von 55% (35%+20%; Zeile 3) gegenüber 45% für C (33%+12%; Zeile 4) Wahlsieger geworden. Er wurde es nicht, weil er im ersten Wahlgang einen zu hohen Stimmenanteil erreichte!

Für A-Wähler mit Zweitpräferenz C bedeutet das: Durch ihre Stimme kommt es erstens dazu, dass ihr Erstwunschkandidat A die Wahl nicht gewinnt und zweitens auch nicht C, sondern der am wenigsten geschätzte Kandidat B Wahlsieger wird.

Es gibt beim Runoff-Ausscheidungsverfahren also Stimmen, die sich genau entgegengesetzt zur Absicht der Wähler auswirken. Wir sprechen hier von einem *negativen Stimmgewicht* bei Personenwahl bzw. bei Entscheidungen zu Sachfragen.

Die Borda-Methode: Je höher in der Rangliste, desto mehr Punkte – Ablehnung trotz Erstwunsch mit absoluter Mehrheit

Nachdem wir zunächst erkannten, dass beim K.-o.-Verfahren die Reihenfolge der Abstimmungen das Resultat entscheiden kann, mussten wir jetzt registrieren, dass auch beim rundenweisen Ausscheiden von Alternativen ernste Probleme bestehen, obwohl hier in der ersten Abstimmungsrunde alle Vorschläge zur Wahl stehen: Es kann bei diesem Ausscheidungsverfahren die paradoxe Situation entstehen, dass zusätzliche Stimmen für eine Option vor der letzten Abstimmungsrunde dazu führen, dass letztlich gegen diese Option entschieden wird, während sie ohne diese Stimmen beschlossen würde (siehe Seite 29). Außerdem kann es geschehen, dass ein Vorschlag, der gegenüber *allen anderen* Vorschlägen mehrheitlich bevorzugt wird, schon in der ersten Runde ausscheidet und folglich nicht beschlossen wird.

Letzterer Effekt hängt offenbar damit zusammen, dass es bei der Runoff-Methode nur darauf ankommt, wie viele Personen einen Vorschlag von den jeweils noch zur Auswahl stehenden Vorschlägen für den besten halten; ob eine Abstimmungsperson einen der übrigen Vorschläge als zweitbesten einstuft oder ihn am striktesten ablehnt, ergibt dagegen keinen Unterschied beim Ergebnis der Einzelabstimmung.

Es wäre nun denkbar, dass die erkannten Probleme bei den verschiedenen Abstimmungsmodi durch ein weiteres Verfahren gelöst werden können, bei dem zum einen alle Alternativen gleichzeitig zur Wahl gestellt werden (um die Abhängigkeit von der Reihenfolge auszuschließen), zum andern aber auch sofort neben der Erstpräferenz auch die Zweit-, Drittpräferenz usw. angegeben und diese in irgend einer Weise bei der Beschlussfassung berücksichtigt werden. Jede Abstimmungsperson muss dann eine Rangfolge aller Optionen bilden. Es erscheint dann sinnvoll, eine Entscheidungsregelung dergestalt zu treffen, dass es sich zugunsten eines Vorschlags umso stärker auswirkt, je höher er in den einzelnen Rangfolgen platziert wird.

Ein solches Verfahren wurde vom französischen Mathematiker Jean-Charles de Borda (1733-1799) eingehend untersucht und wird deshalb als Borda- Methode bezeichnet. Danach wird jede abzugebende Rangfolge so ausgewertet: Der an die letzte Stelle gesetzte Vorschlag bekommt keinen Punkt, der vorletzte einen Punkt, der drittletzte zwei Punkte usw. Bei z.B. fünf Vorschlägen wird der bestplatzierte Vorschlag also mit vier Punkten bewertet. Die so für alle Ranglisten für die einzelnen Vorschläge ermittelten Punkte werden addiert, und die Alternative mit der höchsten Punktezahl gilt als beschlossen.

Einer der paradoxen Befunde beim Verfahren mit rundenweisem Ausscheiden ist, wie erhofft, mit diesem Punktesystem ausgeschlossen: Wenn ein Vorschlag zusätzliche Unterstützung bekommt und sonst keine Veränderungen stattfinden, kann das bei der Borda-Methode nicht dazu führen, dass dieser Vorschlag den sonst erreichten ersten Platz verliert, denn seine Punktsumme erhöht sich ja bei Höherplatzierung, während keine andere Option Punkte hinzugewinnt.

Doch wird der andere unerwünschte Effekt, der uns bei der Ausscheidungsmethode aufgefallen ist, noch verschärft: Dass eine Alternative, die gegenüber jeder anderen bevorzugt wird, nicht beschlossen wird, kann auch bei der Borda-Methode passieren – im Unterschied zum Ausscheidungssystem aber bei Borda sogar dann, wenn eine (absolute) Mehrheit zugunsten der betreffenden Alternative gegeben ist. Das ist schon bei drei Vorschlägen – erst recht bei einer höheren Zahl – möglich, wie sich mit folgendem Beispiel zeigt.

Drei Vorschläge: A, B, C ; 21 Abstimmungspersonen
Von den sechs möglichen Rangfolgen der drei Vorschläge seien nur drei vertreten (A-B-C, B-C-A und C-B-A), und zwar in folgenden Anzahlen:

1. Position (Erstpräferenz)	2. Position (Zweitpräferenz)	3. Position	Anzahl
A	B	C	11
B	C	A	4
C	B	A	6

Die Borda-Zählung ergibt dann:

Vorschlag A	11 x 2 =	22 Punkte
Vorschlag B	11 x 1 + 4 x 2 + 6 x 1 =	25 Punkte
Vorschlag C	4 x 1 + 6 x 2 =	16 Punkte

Die Entscheidung fällt also für Vorschlag B, obwohl die Mehrheit der Abstimmenden Vorschlag A für die beste aller Lösungen hält. Wenn es für eine von mehreren Möglichkeiten aber eine Mehrheit gibt, so muss bei demokratischem Entscheidungsprocedere für diese Alternative entschieden werden, denn dass die Mehrheit den Ausschlag gibt, ist demokratische Grundregel. Demnach ist die Borda-Methode jedenfalls dann nicht brauchbar, wenn eine Mehrheit für einen Vorschlag vorliegt.

Getrennt Vorschläge einreichen – gemeinsam einen Vorschlag durchsetzen

Dass der Mehrheitsdurchgriff nicht gesichert ist, ist nur eine von mehreren Seltsamkeiten, die der Borda-Methode anhaften. Eine weitere dieser kuriosen Nebenfolgen lernen wir mit folgendem Fall kennen:

Ein Vereinsvorstand beantragt eine Erhöhung des Mitgliedsbeitrags von jährlich 60 € auf 100 €. In der Mitgliederversammlung stößt dieser Vorschlag nicht nur auf Zustimmung. Vielmehr wird von einigen bezweifelt, dass überhaupt eine Erhöhung vonnöten ist und daher dafür plädiert, es bei dem alten Beitrag zu belassen. Andere meinen nur, eine Anhebung auf 80 € sei ausreichend. Es stehen somit drei Vorschläge im Raume:

> Vorschlag A: Jahresbeitrag 100 €
> Vorschlag B: Jahresbeitrag 80 €
> Vorschlag C: Jahresbeitrag 60 €

Von den sechs theoretischen Rangfolgen, in die man die drei Möglichkeiten bringen kann, entscheiden sich die 29 abstimmenden Mitglieder nur für die vier sinnvoll erscheinenden, und zwar mit folgenden Häufigkeiten:

1. Position (Erstpräferenz)	2. Position (Zweitpräferenz)	3. Position	Anzahl
A	B	C	12
B	A	C	6
B	C	A	3
C	B	A	8

Daraus ergeben sich folgende Borda-Wertungen:

Vorschlag A	12 x 2 + 6 x 1 =	30 Punkte
Vorschlag B	12 x 1 + 6 x 2 + 3 x 2 + 8 x 1 =	38 Punkte
Vorschlag C	3 x 1 + 8 x 2 =	19 Punkte

Die Borda-Bepunktung führt also zur Beschlussfassung von Vorschlag B, was auch dem Mitgliederwillen besser entspricht als jede andere Alternative. B würde nämlich auch beim paarweisen Vergleich gegenüber jeder anderen Option bevorzugt und würde auch im Ausscheidungsverfahren beschlossen. Bei allen uns bekannten Abstimmungsmodi käme es also zu Vorschlag B als Ergebnis.

Nun sei es so, dass ein Befürworter der Erhöhung auf 100 € die Einstellung der Versammelten zu den einzelnen Vorschlägen richtig eingeschätzt hat. Er überlistet nun die Mitgliederschaft mit folgendem Kunstgriff: Vor der Entscheidungsprozedur beantragt er einen Mitgliedsbeitrag von 101 €, womit keine drei, sondern vier Alternativen zur Abstimmung stehen. Dieser vierte Vorschlag unterscheidet sich allerdings kaum von Vorschlag A – wir nennen ihn deshalb A' – so dass er auch fast genauso, aber etwas schlechter als A von den einzelnen Mitgliedern beurteilt wird. Die folgenden Rankings sind dann mit den angegebenen Anzahlen zu erwarten (auch der Antragsteller von Vorschlag A' setzt klugerweise A vor A'):

1. Position (Erstpräferenz)	2. Position (Zweitpräf.)	3. Position (Drittpräf.)	4. Position	Anzahl
A	A'	B	C	12
B	A	A'	C	6
B	C	A	A'	3
C	B	A	A'	8

Die Auswertung ergibt nun:

Vorschlag A	$12 \times 3 + 6 \times 2 + 3 \times 1 + 8 \times 1 =$	59 Punkte
Vorschlag A'	$12 \times 2 + 6 \times 1 =$	30 Punkte
Vorschlag B	$12 \times 1 + 6 \times 3 + 3 \times 3 + 8 \times 2 =$	55 Punkte
Vorschlag C	$3 \times 2 + 8 \times 3 =$	30 Punkte

Der Antragsteller war mit seinem Trick erfolgreich: Es wird jetzt für Vorschlag A entschieden! Die Befürworter von B und C könnten die Strategie allerdings durchkreuzen, indem sie z.B. teilweise A' vor A setzen. Offenbar lädt das Borda-System zu taktischem Verhalten ein, mit dem der Mehrheitswille unterlaufen werden kann.

Condorcet-Methoden: Jeder Vorschlag tritt gegen jeden an

Da bei Entscheidungsprozessen nach der Borda-Methode nicht einmal gewährleistet ist, dass (absolute) Mehrheiten respektiert werden, kommen sie für Wahlen durch Bürgerschaften, für Abstimmungen in Bürgervertretungen und Parteiversammlungen, aber auch für viele weitere Gremien natürlich nicht in Betracht.

Der Weg des rundenweisen Ausscheidens gilt zwar gemeinhin als akzeptabel, ist aber auch nicht ganz unbedenklich, kann hier doch zum einen der Effekt des negativen Stimmgewichts nicht ausgeschlossen werden, und ist es zum andern möglich, dass ein Vorschlag schon in einer der ersten Runden eliminiert wird, obwohl ihn die Mehrheit der Abstimmenden gegenüber allen anderen Alternativen bevorzugt.

Angesichts dieser ernüchternden Erkenntnisse kommen wir auf die ganz zu Beginn begutachtete Methode zurück, bei der eine Folge von Vergleichen jeweils zweier Vorschläge zum Ergebnis führt. Da hierbei nach jedem Paarvergleich die unterlegene Alternative für den weiteren Entscheidungsprozess wegfiel, wurde das Verfahren als ein *K.-o.- System* gekennzeichnet. Nun weiß man von Sportwettbewerben, dass für K.-o.-Systeme Überraschungen nicht untypisch sind – was von Experten seit Sepp Herberger mit dem Lehrsatz „Der Pokal hat seine eigenen Gesetze" zum Ausdruck gebracht wird. Hingegen wird gewöhnlich im Mannschaftssport unterstellt, dass das beste Team mit hoher Wahrscheinlichkeit als Sieger hervorgeht, wenn *jeder* mögliche Paarvergleich vorgenommen wird, also jede Mannschaft gegen jede andere (mindestens einmal) antritt. Deshalb wird die nach einer Punktrunde errungene Meisterschaft gerne als der „ehrlichste Titel" apostrophiert.

Da liegt der Gedanke nicht fern, auch bei Wahlen und bei Entscheidungen in Sachfragen jede Alternative gegen jede andere zur Abstimmung zu stellen – ein Vorschlag, den der uns bereits bekannte Marquis de Condorcet schon fast zwei Jahrhunderte vor Einführung der Fußball-Bundesliga propagierte. Bei mehreren Vorschlägen ist dabei allerdings eine große Zahl von Einzelvergleichen vonnöten (bei fünf Vorschlägen sind es bereits zehn und diese Zahl steigt mit der Anzahl an Vorschlägen stark an). Deshalb ist dieses *Condorcet-Verfahren* nur in der Weise praktizierbar, dass wie beim Instant- Runoff-Verfahren (siehe Seite 26) jeder Abstimmungsberechtigte eine Nummerierung aller Alternativen – von der nach seinem Urteil besten bis zur für ihn schlechtesten – vornimmt, sodass anhand dieser Listen alle Paarvergleiche virtuell stattfinden können: Ein Vorschlag A gewinnt gegen einen Vorschlag B, wenn A auf einer größeren Zahl von Listen vor B rangiert als umgekehrt. Stellt sich heraus, dass eine Alternative in den Paarvergleichen mit *allen* anderen Alternativen mehrheitlich bevorzugt wird, so gilt dieser Vorschlag selbstverständlich als beschlossen. (Das entspräche bei der Fußballpunktrunde ja der Situation, dass eine Mannschaft gegen alle anderen gewonnen hat. Dann wäre auch ohne Berechnung von Punktsummen klar, dass diese Mannschaft den Meistertitel errungen hat.) Beim Beispiel auf Seite 28 wäre damit C der Wahlsieger. Dieser unproblematische Fall liegt aber nicht immer vor. Schon bei drei Vorschlägen wissen wir ja gerade von Condorcet, dass es Konstellationen gibt, bei denen kein Vorschlag beide „Duelle" mit den zwei Gegenvorschlägen gewinnt, sondern eine zirkuläre Ordnung vorliegt: Vorschlag A wird mehrheitlich gegenüber B bevorzugt, B gegenüber C, aber auch C gegenüber A. So ist es beispielsweise bei der mit der auf der nächsten Seite gegebenen Präferenzverteilung zu drei Kandidaten A, B, C.

A gewinnt den Zweikampf gegen B (51% zu 49%), B gegen C (52% zu 48%) und C gegen A (55% zu 45%).

Die paarweisen Vergleiche führen hier also zu keinem Ergebnis. Wie soll man jetzt verfahren?

Eine einfache Lösung wäre, jetzt die Entscheidung mit der Methode des rundenweisen Ausscheidens herbeizuführen, was ja mit den schon für die Paarvergleiche zu erstellenden Präferenzlisten auch virtuell erfolgen kann. In unserem Beispiel geht bei der so gebildeten Kombination aus paarweisen Vergleichen und Runoff-Verfahren Kandidat A als Sieger hervor: An der Stichwahl nimmt C als der Bewerber mit den wenigsten Stimmen (31%) nicht teil, womit A gegen B antritt und mit 51% die Stimmenmehrheit erzielt, also Wahlsieger wird.

	Erstpräferenz	Zweitpräferenz	Wähleranteil	
1	A	B	18%	35%
2	A	C	17%	
3	B	A	10%	34%
4	B	C	24%	
5	C	A	16%	31%
6	C	B	15%	

Mit der Hybride Condorcet/Runoff ist immerhin zweierlei gewährleistet: Es gibt keine Abhängigkeit des Ergebnisses von der Reihenfolge von Einzelabstimmungen, und wenn ein Vorschlag existiert, den die Mehrheit gegenüber jedem anderen bevorzugt, wird für diesen entschieden.

Nicht beseitigt ist mit der Prozedur allerdings die Möglichkeit negativen Stimmgewichts. Wie wir schon gesehen haben, kann es beim rundenweisen Ausscheiden geschehen, dass zusätzliche Stimmen für einen Kandidaten A auf Kosten eines Konkurrenten B dazu führen, dass A in der Stichwahl nicht gegen B antritt, der ohne dessen Stimmenverlust sein Stichwahlgegner und gegen den er erfolgreich gewesen wäre, sondern gegen C, der dann als Sieger hervorgeht. Daran ändern natürlich die vorgeschalteten paarweisen Abstimmungen nichts, wenn es dabei wegen zyklischer Präferenzordnung noch zu keinem Ergebnis kommt.

Im obigen Fall realisiert sich negatives Stimmgewicht beispielsweise, wenn die 10% der Wählerschaft mit Präferenzordnung B–A–C (Zeile 3) auf A–B–C wechseln, was einen Stimmenzuwachs für A um 10% auf Kosten von B bedeutet. Bei den paarweisen Vergleichen bringt dieser Schwenk keine entscheidende Änderung, denn A gewann den Zweikampf gegen B ja schon bei der anfänglichen Präferenzverteilung und gewinnt ihn nun erst recht, und bei den Vergleichen zwischen A und C sowie zwischen B und C ändert sich gar nichts. Somit bleibt es bei der zyklischen Ordnung, sodass wiederum durch die Stichwahl die Entscheidung herbeigeführt werden muss. Diese erfolgt aber jetzt zwischen A und C – B hat ja nur noch 24%, C indes nach wie vor 31% Stimmenanteil – und fällt zugunsten von C aus, womit A seinen Sieg wegen zusätzlich von B auf ihn gewechselter Stimmen eingebüßt hat.

Ausgeschlossen wäre negatives Stimmgewicht selbstredend, wenn auf die Stichwahl verzichtet würde, also nach ergebnislosen Paarvergleichen der Kandidat mit den meisten Stimmen (= Erstpräferenzen) zum Sieger erklärt würde, denn mit zusätzlichen Stimmen hätte dieser Kandidat natürlich erst recht die höchste Stimmenzahl. Diese Lösung wäre insofern akzeptabel, als der Hauptgrund für Stichwahlen ja darin besteht, dass nicht ein Bewerber gewählt sein soll, der von der Mehrheit am stärksten abgelehnt wird, was z.B. dann der Fall ist, wenn alle Stimmführer, die diesen Kandidaten nicht gewählt haben, ihn für am wenigsten geeignet halten. Diese Situation kann sich aber durch die vorgeschalteten Paarvergleiche gar nicht ergeben, denn der Bewerber würde ja dann alle (d.h. bei drei Kandidaten: beide) Zweikämpfe verlieren, und es gäbe bei drei Kandidaten einen Condorcet-Sieger. Andererseits erscheint es paradox, dass gerade der Wegfall der Stichwahl, mit der sonst ein besonders evidentes Abweichen des Wahlergebnisses vom Wählerwillen vermieden wird, hier der geeignete Weg sein soll, um den aus der Gesamtheit der Einzelmeinungen sich ergebenden kollektiven Willen abzuleiten.

Angesichts dieser Problematik wurden andere Regelungen für Condorcet-Verfahren vorgeschlagen. Nach einer der vielfältigen Methoden wird für jeden Kandidaten dessen schlechtestes Zweikampfergebnis, also seine höchste Niederlage (da bei nur drei Kandidaten und zyklischer Präferenzordnung jeder nur eine Niederlage erleidet, ist das dann diese einzige) betrachtet und der Bewerber zum Sieger erklärt, bei dem diese höchste Niederlage niedriger ist als bei allen andern. Nach diesem *Minimax-System* ergibt sich in obigem Beispiel B als Sieger: Seine einzige Niederlage (gegen A) fiel mit 49% Zweikampfstimmen glimpflicher aus als bei A (nur 45% gegen C) und bei C (48% gegen

B). Es ist leicht zu verstehen, dass der Effekt des negativen Stimmgewichts hier nicht auftreten kann: Zusätzliche Stimmen für den siegreichen Kandidaten verbessern nur dessen Zweikampfergebnisse, jene zwischen den anderen Bewerbern bleiben unverändert, sodass die knappste Niederlage unter den höchsten der einzelnen Kandidaten jetzt nicht bei einem anderen Kandidaten vorliegen kann.

Neben dem Minimaxverfahren wurde eine Vielzahl weiterer Methoden entwickelt, die zwar sehr unterschiedlich sind, aber auch eine Gemeinsamkeit aufweisen: Es haftet ihnen der nicht gering zu schätzende Nachteil an, dass diese Verfahren selbst und noch mehr ihre Begründungen Nichtexperten nicht unmittelbar einsichtig sind und zum Verständnis gründliches und zeitaufwendiges Einarbeiten in die jeweilige Theorie erfordern. Die komplizierten Verfahren bleiben daher auch für die meisten Interessierten intransparent und stoßen deshalb nicht auf breite Akzeptanz. Bei allen Pluspunkten in der Theorie gebricht es darüber hinaus allen Condorcet-Verfahren, auch der Minimax-Variante, an einem wählerpsychologischen Vorzug: Im Unterschied zum Runoff- oder auch dem Stichwahlverfahren wird bei ihnen nicht in einer Schlussabstimmung die Herbeiführung einer Mehrheit erzwungen.

Die „Unabhängigkeit von irrelevanten Alternativen" ist bei keinem brauchbaren Abstimmungsverfahren gewährleistet

Für den Vorsitz des Kleintierzuchtvereins wurden drei Mitglieder vorgeschlagen: Herr Meier, Herr Müller und Herr Schulze. Herr Weiß hält Meier für den besten Kandidaten und beabsichtigt demnach, ihm seine Stimme zu geben. Von den beiden übrigen für die Wahl Benannten hält er zunächst Müller für geeigneter als Schulze, ändert aber diesbezüglich seine Meinung, beurteilt dann also Schulze als die bessere Alternative. Das hat aber natürlich keinerlei Einfluss auf Weiß' Wahlverhalten. Es wäre ja abwegig, wenn für ihn Meier nur deshalb nicht mehr der beste Vorgeschlagene wäre, weil sich im Paarvergleich zwischen den beiden anderen Kandidaten etwas geändert hätte.

Das ist von solcher Selbstverständlichkeit, dass der geneigte Leser fragen wird, welcher Sinn hinter dieser Feststellung stecken könnte. Er liegt in Folgendem: Was für die Einzelperson Weiß selbstverständlich ist, gilt nicht für die Gemeinschaft – egal, nach welchen Regeln aus den Präferenzen ihrer einzelnen Mitglieder der gemeinschaftlich Bestbeurteilte (und damit Gewählte) ermittelt wird. Jedenfalls bei Wahlverfahren, bei denen die Mehrheit für einen Kandidaten, sollte eine solche vorliegen, den Wahlsieg garantiert, ist die „Unabhängigkeit von irrelevanten Alternativen", wie Fachleute diese wünschenswerte Eigenschaft eines Verfahrens nennen, nicht gewährleistet. Ob ein Kandidat Wahlsieger wird, hängt also nicht immer allein davon ab, ob die Wähler diesen Kandidaten für besser oder schlechter als die anderen Bewerber halten, sondern mitunter auch davon, welche dieser anderen Bewerber gegenüber dritten bevorzugt werden.

Dass diese Eigentümlichkeit allen brauchbaren Wahlverfahren innewohnt, lässt sich anhand des folgenden Beispiels nachweisen, mit dem wir auf die Vorstandswahl beim Kleintierzuchtverein zurückkommen. An der Abstimmung seien 13 Mitglieder beteiligt. Bei diesen gebe es für die Wahl des Vorsitzenden mit den Kandidaten Meier, Müller, Schulze nur drei Präferenzordnungen, und zwar in folgenden Anzahlen (erstgenannte Person ist jeweils Erst-, zweite Person Zweitpräferenz, die dritte Person also der am wenigsten gewünschte Kandidat):

Meier	–	Müller	–	Schulze	6 Mitglieder
Müller	–	Schulze	–	Meier	2 Mitglieder
Schulze	–	Meier	–	Müller	5 Mitglieder

Beim Verfahren mit rundenweisem Ausscheiden würde Schulze die Wahl gewinnen, denn nach dem ersten Wahlgang schiede Müller, auf den nur zwei Stimmen entfielen, aus, und in der anschließenden Stichwahl zwischen Meier und Schulze erhielte Schulze sieben, Meier aber nur sechs Stimmen. Nach dem Condorcet/Minimax-Procedere wäre hingegen Meier der Sieger: In den Zweikämpfen gewänne Meier gegen Müller (11:2), Müller gegen Schulze (8:5) und Schulze gegen Meier (7:6), die knappste Niederlage entschiede dann für Meier. Ob auch ein vernünftiges Verfahren existiert, bei dem Müller als Sieger hervorgeht, können wir dahingestellt sein lassen. Wir gehen im Folgenden für alle drei denkbaren Ergebnisse den jeweiligen Fall durch, wobei wir für die Abstimmungsmethoden, die zu den Resultaten führen, lediglich voraussetzen, dass sie Mehrheiten respektieren.

1. Fall: Ein Verfahren führt zum Ergebnis: Meier ist gewählt.

Wenn nun die zwei Stimmführer mit Präferenzordnung Müller-Schulze-Meier bezüglich der nicht Gewählten Schulze und Müller ihre Meinung ändern (neu also: Schulze-Müller-Meier), so liegt folgende Situation vor: Bei *keinem* Mitglied, das vorher Meier für besser als Müller oder für besser als Schulze hielt, hat sich daran etwas geändert. Dennoch würde Meier bei Wiederholung der Wahl nicht mehr gewinnen, denn Schulze hätte jetzt die Mehrheit (7 von 13 Stimmen) und würde damit Wahlsieger.

2. Fall: Ein Verfahren führt zum Ergebnis: Müller ist gewählt.

Hier käme beim Schwenk der fünf Mitglieder mit Rangfolge Schulze-Meier-Müller auf Meier-Schulze-Müller (also keine Änderung bezüglich Müller) Meier auf eine Mehrheit (11 von 13 Stimmen) und gewänne somit.

3. Fall: Ein Verfahren führt zum Ergebnis: Schulze ist gewählt.

Wechselten jetzt die sechs Mitglieder mit Präferenzreihenfolge Meier-Müller-Schulze auf Müller-Meier-Schulze, so beträfe der Sinneswandel bei niemandem die Meinung zu Schulze, verglichen mit den beiden andern, kosteten diesen aber den Wahlsieg, denn Müller hätte jetzt die Mehrheit (8 von 13 Stimmen).

Damit steht fest: Es kann kein Abstimmungsverfahren geben, bei dem der Mehrheitsdurchgriff gesichert und gleichzeitig gewährleistet ist, dass die Entscheidung für eine Alternative unabhängig davon ist, welche von zwei beliebigen anderen Alternativen die Stimmführer für besser halten. Ob eine Gemeinschaft bei drei Vorschlägen A, B, C den Vorschlag A am besten findet, hängt also nicht nur davon ab, ob die Mitglieder A für besser als B und/oder besser als C halten, sondern kann auch davon abhängig sein, ob Mitglieder B besser als C finden.

Kurz: Ein Abstimmungsverfahren kann niemals sowohl die Respektierung absoluter Mehrheiten als auch die Unabhängigkeit von irrelevanten Alternativen garantieren.

Aufstellung von Ranglisten

Nicht immer ist durch eine Gemeinschaft aus mehreren Vorschlägen nur für einen zu entscheiden oder von mehreren Kandidaten nur einer zu wählen. Manchmal muss eine ganze Liste von Personen, die dann in einer festgelegten Reihenfolge stehen, aufgestellt werden. So müssen zum Beispiel beim Verhältniswahlrecht die Parteien vor den Wahlen über Kandidatenlisten beschließen. Bei Wahlen zu Fußballern des Jahres u.Ä. wäre es nicht zwingend notwendig, wird es aber manchmal als wünschenswert erachtet, als Ergebnis nicht nur einen Sieger, sondern eine ganze Rangliste präsentieren zu können.

Eine Möglichkeit, gemeinschaftlich eine Liste zu erstellen, haben wir schon kennengelernt: die Borda-Wahl. Die gravierenden Mängel, die diese aufweist, gelten bei der Wahl von Sportler-Rankings als hinnehmbar. Häufig werden solche Abstimmungen tatsächlich nach Verfahren, die der Borda-Methode sehr ähnlich sind, jedenfalls nach einem Punktesystem, vorgenommen. Allerdings bringen die Wählenden nicht alle denkbaren oder vorgegebenen Sportler in eine Reihenfolge, sondern nur die von ihnen an erster bis zu einer bestimmten (z.B. dritten) Position Platzierten. Die Bepunktung kann von einem zum nächsten Platz auch um mehr als einen Punkt abnehmen.

Relativ gering sind die Modifikationen der klassischen Borda-Zählung beim Eurovision-Song-Contest. Sie bestehen hier darin, dass dem erst- und dem zweitplatzierten Lied jeweils zwei Punkte mehr als dem nächsten gutgeschrieben werden (nämlich 12 bzw. 10 Punkte) und es dann noch für die nächsten acht Lieder Punkte gibt (8, 7, 6, …, 2, 1).

An den grundsätzlichen Problemen der Borda-Methode, die ja schon bei der Wahl eines einzigen Vorschlags, also erst recht bei der Bestimmung einer ganzen Liste bestehen, ändern diese Varianten freilich nichts. Dass bei der Borda-Wahl absolute Mehrheiten nicht unbedingt respektiert werden, macht das Verfahren für die Aufstellung von Parteilisten vor Parlamentswahlen natürlich indiskutabel. Doch wie könnte ein besseres aussehen?

Es gibt Theoretiker, die folgendes Verfahren befürworten: Zu allen Vorgeschlagenen wird von den Parteimitgliedern bzw. Delegierten angekreuzt, ob sie der Aufnahme in die Liste zustimmen oder nicht. Die Listenreihenfolge ergibt sich dann nach den Anzahlen an Zustimmungsvoten. Auf diese Weise entstehen allerdings Ergebnisse, die offensichtlich vom Mehrheitswillen weit entfernt sind: Es wird dabei ja nicht darüber abgestimmt, wer z.b. die wichtige Spitzenposition einnehmen, sondern darüber, wer überhaupt (an irgendeiner Stelle) auf der Liste aufgeführt sein soll. Dadurch erreicht ein allseits geschätzter, gut arbeitender Abgeordneter, dessen Wiedereinzug ins Parlament einmütig befürwortet wird, den aber wegen fehlender Ausstrahlung und Führungskraft eine klare Mehrheit nicht für geeignet für die Spitzenkandidatur hält, die maximal mögliche Stimmenzahl, während die von einer großen Mehrheit für Platz 1 gewünschte Führungspersönlichkeit auch einige Gegner hat und deshalb nicht die Stimmen von 100%, sondern vielleicht nur von 95% bekommt. Damit wird ein Bewerber zum Listenanführer, den auf dieser Position fast niemand haben will, während der hierfür von einer überwältigenden Mehrheit Gewünschte einige Plätze dahinter rangiert.

Üblicherweise gehen die Parteien stattdessen so oder ähnlich vor: Der Mitglieder- (oder Delegierten)versammlung wird von einem hierzu vorher beauftragten Gremium oder vom Vorstand eine Vorschlagsliste präsentiert. Für einzelne Listenpositionen werden dann seitens der Mitglieder Gegenvorschläge unterbreitet. Abgestimmt wird bei den ersten Listenplätzen für jede Position einzeln, beginnend mit dem Spitzenplatz. Soweit es für einen Platz nur einen Bewerber gibt, kann mit „Ja", „Nein" oder mit Enthaltung gestimmt werden. Bei mehr als einem Kandidaten wird entweder für einen mit „Ja" oder für alle mit „Nein" votiert (oder sich der Stimme enthalten). Nach Beschlussfassung über die oberen Listenpositionen wird für die weiteren oft in Sammelabstimmung entschieden, was vertretbar ist, denn die damit verbundene oben erörterte Problematik besteht nur für die obere

Listenregion; bei den nachgeordneten Positionen kann eher unterstellt werden, dass unter mehreren Kandidaten derjenige nach dem gemeinschaftlichen Willen höher platziert werden soll, auf den mehr Stimmen entfallen. Selbstverständlich sind aber die Einzelabstimmungen die sauberere Lösung. Allerdings können bei mehr als zwei Bewerbern für einen Listenlatz natürlich die Eigentümlichkeiten auftreten, die uns für die verschiedenen Formen der Einzelabstimmung bekannt sind. Es ist zwar selten, dass für eine bestimmte Listenposition mehr als zwei Bewerber nominiert werden; gleichwohl ist es aus grundsätzlicher Sicht von Interesse, ob es überhaupt einen Abstimmungsmodus gibt, mit dem man die gröbsten Ungereimtheiten sicher ausschließen kann. Nach unseren bisherigen Erkenntnissen ist schon mal klar: Kein Abstimmungssystem wird alle Wunscheigenschaften gleichzeitig aufweisen können. Man muss offenbar mit Forderungen an einen Modus sehr bescheiden sein. Im folgenden Abschnitt sind wenige, als kaum verzichtbar erscheinende Postulate genannt und wird die Frage aufgeworfen, ob wenigstens diese Minimalwunschliste erfüllt werden kann.

Der Satz von Arrow: Eine demokratische Listenaufstellung ist unmöglich

Wenn eine gewisse Anzahl von Personen, Objekten oder (bei Sachproblemen) Alternativen durch ein Gremium, eine Wahlversammlung o.Ä. in eine Rangfolge gebracht werden sollen, so müssen, wenn überhaupt eine Chance auf ein dem Wählerwillen weitgehend entsprechendes Ergebnis bestehen soll, von allen Wählenden deren Wunschreihenfolgen vorliegen. Wir gehen also im Folgenden davon aus, dass jeder Abstimmungsberechtigte eine Rangfolge der einzelnen Personen bzw. sonstigen Alternativen (ggf. natürlich geheim) erstellt. Das könnte zwar in der Praxis einen Aufwand erfordern, der nicht bewältigt werden kann – wenn z.B. eine 50-köpfige Kandidatenliste zu beschließen ist, kann man kaum Hunderte einzeln erstellter kompletter Listen auswerten – doch für die prinzipielle Frage, ob ein Abstimmungssystem konstruiert werden kann, das zumindest den elementarsten Vorstellungen von demokratischen Entscheidungsverfahren Rechnung trägt, genügt uns die theoretische Möglichkeit.

Mit der Festlegung einer Reihenfolge durch eine Wahlperson ist Folgendes gewährleistet: Aus der Tatsache, dass eine Alternative (also bei Kandidatenlisten: eine Person) A_r vor einer Alternative A_s steht und diese wiederum vor einer dritten Alternative A_t rangiert, folgt stets: Die erstgenannte Alternative A_r steht auch vor der letztgenannten A_t. Wir kennen bereits den Fachbegriff, mit dem Mathematiker diese Selbstverständlichkeit ausdrücken: Die Relation „steht vor" zwischen jeweils zwei Alternativen ist *transitiv*.

Aus den Rangfolgen, die von den einzelnen Personen aufgestellt werden („individuelle Rangfolgen"), soll nun in irgendeiner Weise als Ergebnis der so erfolgten Abstimmung ein gemeinschaftliches Ranking aggregiert werden. Bei dieser „sozialen Rangfolge" ist dann ebenfalls Transitivität gegeben: Wird gemeinschaftlich eine Alternative A_r vor Alternative A_s und A_s vor A_t gesetzt, so steht auch A_r vor A_t (sonst kann nicht von einer Rangfolge geredet werden).

Das Verfahren, mit dem aus den individuellen Rangfolgen eine gemeinschaftliche Rangfolge erstellt wird, soll nun einige Eigenschaften aufweisen, die als selbstverständlich erscheinen. Wir benennen derer zunächst nur zwei, nachdem wir bereits erkennen mussten, dass wir nicht zu viel erwarten dürfen:

(1) *Einstimmigkeitsprinzip*: Wenn alle Personen eine Alternative A_r gegenüber einer anderen Alternative A_s vorziehen (also A_r vor A_s platzieren), dann steht immer auch in der gemeinschaftlichen Rangfolge A_r vor A_s.

(2) *Unabhängigkeitsprinzip*: Bei der gemeinschaftlichen Rangfolge hängt die Position einer Alternative A_r relativ zu einer Alternative A_s (ob also A_r vor A_s steht oder umgekehrt) nur davon ab, ob die einzelnen Personen in ihren Reihenfolgen A_r vor oder nach A_s platzieren.

(Ob A_r sozial vor oder nach A_s steht, hängt also nicht von individuellen Platzierungen der übrigen Alternativen ab.)

Diese zwei Bedingungen zu erfüllen, ist auf eine sehr einfache, aber indiskutable und deshalb mit einer weiteren Bedingung auszuschließende Weise möglich, nämlich durch die Regelung, dass als soziale Rangfolge stets die von einer vorher bestimmten Person P genannte Reihenfolge übernommen wird. Dann könnte das Einstimmigkeitsprinzip nie verletzt sein – Einstimmigkeit bezüglich einer Alternative könnte ja nur gegeben sein, wenn alle Abstimmenden sich wie P entschieden haben – und ebenso wäre das Unabhängigkeitsprinzip offenkundig gewahrt.

Die unabdingbare dritte Bedingung, welche eine solche inakzeptable Regelung verbietet, lautet so:

(3) *Keine Diktatur*: Die Position einer Alternative A_r relativ zu einer Alternative A_s in der gemeinschaftlichen Reihenfolge wird nie allein durch die Entscheidung einer einzelnen Person bestimmt.

Wie wir schon wissen, ist bereits bei der Wahl einer einzigen Person – etwa des Listenanführers – die Wahrung des Unabhängigkeitsprinzips dann nicht mehr gewährleistet, wenn die Mehrheit für einen Kandidaten stets dessen Sieg garantiert (Seiten 39ff.). Die jetzt aufgeführten Wunscheigenschaften enthalten aber nicht den Mehrheitsdurchgriff als Bedingung, sondern stattdessen das schwächere Postulat, dass *einstimmige* Bevorzugung eines Bewerbers im Vergleich zu einem anderen stets zu einer Platzierung vor jenem führt. Insofern ist noch offen, ob ein Listenaufstellungsverfahren möglich ist, bei dem alle drei oben zusammengestellten Postulate erfüllt sind. Dem amerikanischen Wirtschaftswissenschaftler Kenneth J. Arrow (*1921; Nobelpreis für Wirtschaftswissenschaften 1972) gelang es, diese Frage zu klären. Seine den Leser vielleicht kaum noch erstaunende, gleichwohl ernüchternde Antwort: Nein! Schon die wenigen Forderungen, die durchweg als unverzichtbar erscheinen, sind nicht alle gleichzeitig durch ein Verfahren erfüllbar! Wir halten dies mit folgendem Lehrsatz fest[7]:

Satz von Arrow: Es gibt kein Verfahren, mit dem aus Individualranglisten eine gemeinschaftliche Rangliste erstellt werden kann, bei dem das Einstimmigkeits- und das Unabhängigkeitsprinzip gewährleistet sind und das Ergebnis nicht durch eine Person allein bestimmt wird.

Meistens – auch in Arrows Originalversion – wird den Wunscheigenschaften (1), (2) und (3) noch eine vierte hinzugefügt:

(4) *Monotonie*: Wenn eine Alternative A_r in der sozialen Rangfolge vor A_s steht und dann von den einzelnen Personen die Reihenfolgen so geändert werden, dass die Position von A_r gegenüber allen anderen Alternativen von niemandem verschlechtert wird, so muss auch in der daraus resultierenden neuen sozialen Reihenfolge A_r vor A_s stehen.

Da schon die ersten drei Postulate nicht simultan gewährleistet sein können, ist es natürlich erst recht nicht möglich, dass ein Abstimmungsmodus alle vier begehrten Eigenschaften aufweist.

Gerne wird der von Arrow erkannte Sachverhalt auch so formuliert:

Das einzige Verfahren, mit dem aus individuellen Rangfolgen eine gemeinschaftliche Reihenfolge abgeleitet werden kann und welches das Einstimmigkeits- und das Unabhängigkeitsprinzip respektiert, ist die Diktatur durch eine der Personen, die eine Individualliste erstellt haben.

Die Kenntnis des Arrowschen Satzes zwingt uns offenbar bei der Festlegung von Abstimmungsverfahren zu einem hohen Maß an Bescheidenheit. Mit dieser Einsicht wird man das im vorhergehenden Abschnitt beschriebene übliche Vorgehen der politischen Parteien bei der Aufstellung von Kandidatenlisten wohl als akzeptabel beurteilen müssen.

---

[7] Arrow bewies seinen Unmöglichkeitssatz in seiner 1951 veröffentlichten Doktorarbeit.

Wahl von Parlamenten, Gemeindevertretungen Ausschüssen

Parlamente und andere Vertretungskörperschaften sollen die jeweilige Bevölkerung repräsentieren. Die Frage, wie die Vertreter ermittelt werden sollen, wird auf sehr verschiedene Weisen beantwortet. Bei Parlamentswahlen haben sich die demokratisch verfassten Länder entweder für das Mehrheitswahlrecht oder für das Verhältniswahlrecht oder für eine der vielfältigen Zwischen- oder kombinierten Systeme entschieden.

Das Mehrheitswahlrecht: In jedem Wahlkreis wird ein Abgeordneter gewählt

Angenommen, das Parlament eines Landes mit 10 Millionen Bürgern soll aus hundert Abgeordneten bestehen. Wenn man nicht gleich an Parteien denkt, liegt folgender Gedanke nicht fern: Die hundert Abgeordneten repräsentieren 10 Millionen Bürger; pro 100000 Bürgern sitzt also ein Abgeordneter im Parlament. Dann erscheint es sinnvoll, jeweils 100000 Bürgern die Entscheidung für einen Abgeordneten zu überlassen. Demnach wird das Land in hundert Wahlkreise mit jeweils möglichst gleich vielen, also ca. 100000 Bürgern eingeteilt und in jedem dieser Wahlkreise ein Abgeordneter gewählt.

Neben der grundsätzlichen, vom Repräsentationsgedanken ausgehenden Überlegung führen die Befürworter eines solchen als *Mehrheitswahlrecht* bezeichneten Wahlsystems auch eine Reihe von politischen Gründen für das System an: Die Abgeordneten stünden, da sie direkt gewählt werden, in engem Kontakt zur jeweiligen Wahlkreisbevölkerung, also zur Wählerbasis; der Einfluss der Wähler auf die personelle Zusammensetzung des Parlaments sei größer als bei anderen Wahlsystemen; die Abgeordneten seien unabhängiger von ihrer Partei u.Ä.

Letzteres könnte zwar die Bildung einer stabilen Regierung erschweren, andererseits hat das Mehrheitswahlrecht aber auch eine Auswirkung, die in aller Regel die Entstehung klarer Mehrheiten und damit die Regierungsbildung begünstigt: Vertreter kleiner Parteien erreichen in höchstens ganz wenigen Wahlkreisen, oft in keinem einzigen, die Mehrheit und sind damit im Parlament gar nicht oder fast nicht vertreten. Die stärkste Partei ist in der Regel, auch wenn der Vorsprung vor der zweitstärksten Partei nur wenige Prozentpunkte beträgt, auch in den meisten Wahlkreisen die stärkste Partei, gewinnt also die meisten Wahlkreise und verfügt dann über eine klare (absolute) Mehrheit im Parlament, auch wenn der Wähleranteil deutlich unter der Hälfte liegt.

Es besteht natürlich kein grundsätzlicher Unterschied zwischen der Direktwahl eines Abgeordneten und der eines Bürgermeisters; hier wie da ist eine Einzelperson zu bestimmen. Also stehen im einen Fall die gleichen Abstimmungsmethoden zur Verfügung wie im anderen. Auch die mit den Verfahren verbundenen Probleme sind dann bei der Abgeordnetenwahl selbstverständlich die gleichen wie die in den ersten Abschnitten erkannten. Allerdings ist in manchen Ländern mit ausschließlicher Direktwahl der Abgeordneten diese im Unterschied zu bisher beleuchteten Wahlprozessen auf einen Wahlgang beschränkt, die Wahl also grundsätzlich mit einem Wahlgang entschieden. Wenn dabei jeder Wahlberechtigte nur eine Stimme hat, kann es nur eine sinnvolle Regelung geben: Derjenige Bewerber ist gewählt, auf den die meisten Stimmen entfallen. So ist es beispielsweise bei den Unterhauswahlen in Groß-Britannien. Wenn sich die Stimmen auf mehr als zwei Bewerber verteilen, ist es dann natürlich häufig so, dass der Gewählte *nicht* die Mehrheit der Stimmen errungen hat. In diesem Fall wird dann davon gesprochen, der Kandidat habe die *relative Mehrheit* erreicht. Man bezeichnet diese Variante deshalb als *relatives Mehrheitswahlrecht*. Die relative Mehrheit ist aber natürlich keine tatsächliche Mehrheit. Theoretisch könnte der gewählte Bewerber derjenige sein, der am stärksten von den Wählern abgelehnt wird. Dürften die Wähler, statt einen Kandidaten zu wählen, einen ablehnen, könnte es sein, dass bei dieser Negativauswahl genau derjenige mit (absoluter) Mehrheit abgelehnt würde, der bei der Positivauswahl als Sieger hervorgeht. Diese Möglichkeit ist so offensichtlich, dass hier von einer Paradoxie gar nicht gesprochen werden kann. Im Unterschied beispielsweise zu Bürgermeisterwahlen, bei denen, um wenigstens dieses schwerwiegende Manko auszuschließen, zumindest eine Stichwahl stattfindet, nimmt man seltsamerweise diesen Nachteil bei der Abgeordnetenwahl z.B. in Groß-Britannien in Kauf. Der Wähler kann sich natürlich überlegen, ob er, statt für seinen Wunschkandidaten zu votieren, sich lieber für den Bewerber entscheidet, der am ehesten den favorisierten, aber von ihm abgelehnten Kandidaten schlagen kann.

Erleichtert wird solcherlei taktisches Wählerverhalten durch das romanische Mehrheitswahlrecht (siehe Fußnote auf Seite 26), bei dem es zwei Wahlgänge gibt, ohne dass aber die weniger erfolgreichen Bewerber der ersten Runde für die zweite ausgeschlossen werden. Hier kann der Wähler im ersten Durchgang risikolos den von ihm als am geeignetsten eingeschätzten Bewerber seine Stimme geben und es vom Ergebnis abhängig machen, ob er im weiteren Wahlgang für einen anderen Kandidaten wegen Chancenlosigkeit seines Wunschbewerbers votiert.

Aber natürlich gibt es keine Sicherheit, dass eine so große Zahl von Wählern so vorgeht und sich die Stimmen dadurch so stark auf zwei Kandidaten konzentrieren, dass auf einen Bewerber mehr als die Hälfte aller Stimmen entfällt.

Dass ein Bewerber letztlich die Stimmenmehrheit erreicht, so dass man von einem *echten Mehrheitswahlrecht* sprechen kann, ist vielmehr nur dann gewährleistet, wenn es einen Wahlgang mit nur noch zwei Kandidaten gibt.[8] Also müssen, wenn auf keinen Kandidaten in der ersten Wahlrunde eine Mehrheit entfällt, der letztendlich Gewählte aber von einer Wählermehrheit legitimiert sein soll, für weitere Wahlgänge Kandidaten mit geringerer Stimmzahl ausscheiden. Da ein Parlament nicht erst nach vielen Wochen komplett besetzt sein sollte und deshalb mehr als zwei Wahlgänge kaum praktikabel sind,

---

[8] Vom seltenen Ausnahmefall der Stimmengleichheit zweier Bewerber, für den eine Sonderregelung (z.B. Losentscheid) getroffen werden muss, sehen wir ab.

läuft das auf das Stichwahlverfahren (Two-round-system) hinaus, das uns von Bürgermeisterwahlen bekannt ist. Die damit verbundenen uns bekannten paradoxen Effekte müssen mithin auch bei der Direktwahl von Parlamentariern hingenommen werden.

Bei Mehrheitswahl möglich: 51% der Stimmen, aber 100% der Sitze

Ein geringer Vorsprung der stärksten Partei A vor der zweitstärksten Partei B in der Wählerschaft führt im Mehrheitswahlrecht meistens zu einer keineswegs gleichfalls geringen, sondern zu einer sehr breiten Mehrheit für Partei A im Parlament, da der zwar kleine, aber eben vorhandene Vorsprung in der Regel nicht nur in der gesamten Wählerschaft vorliegt, sondern auch in der großen Mehrzahl der Wahlkreise, die damit von Vertretern der Partei A gewonnen werden. Ein Zuwachs des Wähleranteils von wenigen Prozentpunkten für eine Partei auf Kosten der vor der Wahl regierenden Partei führt deshalb nicht selten zu erdrutschartigen Verschiebungen im Parlament. Diese zwar nicht paradoxe, aber von manchen kritisch gesehene Erscheinung im Mehrheitswahlrecht tritt im Unterschied zu allen uns begegneten Paradoxien schon bei nur jeweils zwei Bewerbern auf. Man kann in dem Phänomen einen Vorzug des Mehrheitswahlrechts sehen, denn die damit zumeist einhergehenden klaren Mehrheitsverhältnisse begünstigen natürlich die Etablierung einer stabilen Regierung. Auch von Befürwortern des Mehrheitswahlsystems würde aber der Mehrheitsverstärkungseffekt als nicht mehr akzeptabel angesehen, fiele er so extrem aus, dass eine Partei mit einem Stimmenanteil von knapp unter 50% im Parlament nur noch eine vernachlässigbare Stärke erreichen würde. Indiskutabel wäre das Mehrheitswahlrecht, wenn damit gerechnet werden müsste, dass bei zwei Parteien die eine mit 51% der Stimmen bei 49% für die Konkurrenzpartei alle Wahlkreise gewinnt und damit das Parlament komplett besetzt. Dieser Fall ist natürlich möglich – aber wie wahrscheinlich ist er? Um die Frage beantworten zu können, müssen wir von einer Reihe von Annahmen ausgehen; nehmen wir folgende Voraussetzungen: Die Gesamtwählerschaft besteht aus 10 Millionen Bürgern; 5,1 Millionen (und damit 51%) wählen Kandidaten von Partei A, die übrigen 4,9 Millionen (also 49%) wählen Kandidaten von Partei B. Es gibt hundert Wahlkreise mit jeweils 100000 Wählern. A-Wähler und B-Wähler seien rein zufällig auf die hundert Wahlkreise verteilt, also so, wie wenn die 10 Millionen Bürger den hundert Wahl-kreisen zugelost würden.

Letztere Annahme bedeutet natürlich nicht, dass die A- und B-Wähler *gleichmäßig* auf die hundert Wahlkreise verteilt sind, womit ja sicher wäre, dass Partei A alle Wahlkreise – jeweils mit 51000 gegen 49000 Stimmen – gewinnt. Es ist im Gegenteil sehr unwahrscheinlich, dass bei zufälliger Verteilung in einem Wahlkreis auf Partei A ganz genau 51000 Stimmen entfallen. (Sie können sich davon auch experimentell überzeugen: Markieren Sie von 200 Zetteln 102 mit A und 98 mit B, legen Sie dann die Zettel so hin, dass die unbeschriftete Seite oben liegt, mischen Sie und teilen Sie die 200 Zettel in zwei Hunderterpa-cken auf. Es ist äußerst unwahrscheinlich, dass dann in jedem Packen genau 51 A- und damit 49 B-Zettel liegen. Bei den großen Zahlen oben ist die Wahrscheinlichkeit für absolut gleichmäßige Verteilung noch wesentlich kleiner.)

Allerdings braucht ein Wahlkreisbewerber bei den vorausgesetzten Gegebenheiten keine 51000, sondern nur 50001 Stimmen. Die Wahr-scheinlichkeit hierfür ist nun, zufällige Verteilung angenommen, kei-neswegs klein, im Gegenteil: Wie sich berechnen lässt – bei Interesse sehen Sie sich die Berechnung in Abschnitt M3 des mathematischen Anhangs an; Sie benötigen dazu allerdings Kenntnisse in der Wahr-scheinlichkeitsrechnung – liegt die Wahrscheinlichkeit bei über 99,999%. Und auch die Wahrscheinlichkeit, dass Partei A dann nicht nur einen bestimmten, sondern alle Wahlkreise gewinnt und damit allein im Parlament vertreten ist, liegt bei über 99,9%!

Wäre es also so, wie wir hier angenommen haben, dass die Anhänger der Parteien zufällig im Land verteilt seien, so wäre es praktisch sicher, dass eine Partei alle Mandate gewinnt. Dann gäbe es mithin keine parlamentarische Opposition und damit auch keine funktionierende Demokratie. Wenn mit dieser Konsequenz zu rechnen ist, kommt die Entscheidung für das Mehrheitswahlsystem natürlich nicht in Frage. Da sich die Wahlentscheidung bei vielen aber nicht ausschließlich nach den Parteien richtet, sondern oft auch die sich im Wahlkreis bewerbenden Personen ausschlaggebend sind, ist eine rein zufällige Verteilung der Wähler gar nicht zu erwarten. Hinzu kommt, dass eine Partei in manchen Regionen des Wahlgebiets ihre „Hochburgen" hat, in denen für sie auch dann gute Siegeschancen bestehen, wenn sie insgesamt eine Schwächeperiode durchleidet. Aus diesen und anderen Gründen kann in einem nicht zu kleinen Land in aller Regel davon ausgegangen werden, dass zumindest zwei Parteien eine ordentliche Anzahl von Sitzen erringen. Es kann zudem sein, dass eine Partei nur in einem regional sehr begrenzten Bereich zur Wahl steht, dort aber stärker ist als jede Konkurrenzpartei und daher in dieser Region alle Sitze gewinnt. In diesem Fall wirkt sich also das Mehrheitswahlrecht sogar zugunsten dieser – gemessen am Wähleranteil im Gesamtwahlgebiet – schwachen Partei aus.

In einzelnen deutschen Bundesländern kommt es dagegen vor, dass eine Partei fast alle Wahlkreise gewinnt; in Bayern ist es nicht ungewöhnlich, dass die CSU das erreicht. Ein reines Mehrheitswahlrecht käme für Landtagswahlen in solchen Ländern folglich nicht in Betracht.

Wer die Wahlkreisgrenzen festlegen kann, ist im Vorteil

In drei benachbarten Wahlkreisen mit insgesamt 14 Gemeinden – zwei Wahlkreise mit fünf und einer mit vier – seien die Wähler von Kandidaten zweier Parteien A und B gemäß folgendem Schema verteilt gewesen:

						Wähler-summen
Wahlkr. 1	18000 A / 11000 B	13000 A / 9000 B	8000 A / 10000 B	10000 A / 7000 B	7000 A / 7000 B	56000 A / 44000 B
Wahlkreis 2		12000 A / 21000 B	8000 A / 10000 B	30000 A / 12000 B	2000 A / 5000 B	52000 A / 48000 B
Wahlkr. 3	2000 A / 14000 B	45000 A / 7000 B	5000 A / 1000 B	2000 A / 10000 B	1000 A / 13000 B	55000 A / 45000 B

In jedem Wahlkreis gab es 100000 Wähler, wovon jeweils mehr als die Hälfte sich für den jeweiligen A-Bewerber entschieden. Partei A gewann also alle drei Wahlkreise.

Im gesamten Land verfügt derzeit Partei B über die Mehrheit und hat damit die Möglichkeit, für die anstehende Neuwahl den Zuschnitt der Wahlkreise neu festzulegen. Sie tut das wie in folgendem Schema dargestellt (die weißen Felder stellen die Gemeinden des neuen Wahlkreises 1 dar, die hellgrauen die von Wahlkreis 2, die dunkleren jene von Wahlkreis 3):

18000 A / 11000 B	13000 A / 9000 B	8000 A / 10000 B	10000 A / 7000 B	7000 A / 7000 B
	12000 A / 21000 B	8000 A / 10000 B	30000 A / 12000 B	2000 A / 5000 B
2000 A / 14000 B	45000 A / 7000 B	5000 A / 1000 B	2000 A / 10000 B	1000 A / 13000 B

Geht man davon aus, dass die Wahlergebnisse in den einzelnen Gemeinden die gleichen sind wie bei der vorhergehenden Wahl (trotz teilweise anderer Kandidaten), so ergeben sich für die neu gebildeten Wahlkreise folgende Ergebnisse:

Wahlkreis 1:   80000 Stimmen für A-Kandidat, 20000 für B-Kandidat
Wahlkreis 2:   45000 Stimmen für A-Kandidat, 55000 für B-Kandidat
Wahlkreis 3:   38000 Stimmen für A-Kandidat, 62000 für B-Kandidat

Partei B erobert jetzt also zwei dieser drei Wahlkreise, A nur noch einen Wahlkreis, obwohl sich das Wahlverhalten nirgends geändert hat.

Durch Veränderung der Wahlkreisgeometrie kann sich die jeweilige Regierungspartei also für die bevorstehende Wahl einen erheblichen Vorteil verschaffen. Für die Wahl des Repräsentantenhauses in den Vereinigten Staaten von Amerika sind solche Maßnahmen gang und gäbe und gelten dort auch nicht als anstößig. Als im 19. Jahrhundert ein Wahlkreis gezielt zugunsten eines Bewerbers namens Elbridge Gerry (damals Gouverneur von Massachusetts, von 1813 bis zu seinem Tod in 2014 US-Vizepräsident) zugeschnitten wurde, fühlte sich ein Karikaturist bei der Form des konstruierten Stimmbezirks an einen Salamander erinnert und fertigte eine entsprechende Zeichnung an. Seitdem ist für Manipulationen an Wahlkreisgrenzen der Begriff *Gerrymandering* geläufig.

Das Verhältniswahlrecht: Die Anzahl der Mandate für die einzelnen Parteien entspricht den Stimmenanteilen

Auch wenn die Gegebenheiten so sind, dass die theoretisch mögliche Konsequenz eines von einer Partei nahezu vollständig besetzten Parlaments praktisch ausgeschlossen werden kann, wird die mehrheitsverstärkende Wirkung beim Mehrheitswahlrecht natürlich nicht nur positiv gesehen. Sie wird im Gegenteil dann als nicht gerecht empfunden, wenn man in Abgeordneten vornehmlich Vertreter von politischen Parteien sieht. Dann erscheint es als angemessener, wenn jeder Partei eine ihrem Wähleranteil entsprechende Anzahl an Mandaten zukommt, wenn also die Mandatszahl jeder Partei im gleichen Verhältnis zur Gesamtzahl steht wie die Stimmenzahl der jeweiligen Partei zur Gesamtzahl der Stimmen. Die Anzahl der Parlamentssitze ist dann, mathematisch ausgedrückt, proportional zur Anzahl der Stimmen für die einzelnen Parteien. Werden nach diesem Prinzip die Mandate zugeteilt, so spricht man vom Verhältniswahlrecht.

Bei exakter Proportionalität gibt es Bruchteile von Mandaten – was tun?

Bei einer Parlamentswahl erhielten die vier teilnehmenden Parteien folgende Stimmenzahlen:

Partei	A	B	C	D	zusammen
Anzahl Stimmen	336000	264000	139000	61000	800000
prozentualer Anteil	42,0%	33,0%	17,375%	7,625%	100%

Dem Parlament sollen 71 Abgeordnete angehören. Dann entfallen nach dem Verhältniswahlprinzip auf die vier Parteien folgende Anzahlen an Sitzen:

Partei A: 42,0% von 71 Sitzen = 29,82 Sitze
Partei B: 33,0% von 71 Sitzen = 23,43 Sitze
Partei C: 17,375% von 71 Sitzen ≈ 12,34 Sitze
Partei D: 7,625% von 71 Sitzen ≈ 5,41 Sitze

Nun kann man natürlich keine Bruchteile von Abgeordneten entsenden. Also muss eine Regelung getroffen werden, wie bei gebrochenen Werten für die „exakten Sitzansprüche" verfahren werden soll. Denkbar wäre zunächst zum Beispiel folgende Festlegung: Aus diesen theoretischen Anzahlen ergeben sich die tatsächlichen durch Standardrundung (kaufmännische Rundung) auf eine ganze Zahl. Dann bekäme im betrachteten Beispiel Partei A 30, Partei B 23, Partei C 12 und Partei D 5 Sitze. Jetzt wäre die Gesamtzahl der Abgeordneten aber nicht mehr wie vorgesehen 71, sondern 70. Würde man nun sagen, man belässt es dann eben bei 70 Abgeordneten, so stünden Partei A jetzt aber 42% von nur noch 70 Mandaten zu, das ergibt 29,4 und damit bei der Standardrundungsregel nur noch 29 Abgeordnete.

Das einfache Auf- oder Abrunden der exakten Sitzansprüche ist also – auch aus weiteren Gründen – nicht unproblematisch. Wahltheoretiker haben sich daher verschiedene Zuweisungssysteme einfallen lassen, mit denen das Proporzprinzip erfüllt werden soll.

Das Verfahren nach Hare: Bei höchsten Resten Aufrundung, bis Parlamentssollgröße erreicht ist

Wenn man in obigem Fall an der vorgesehenen Parlamentsgröße von 71 Abgeordneten festhalten will, die Standardrundung aber nur 70 Sitze ergibt, so kann man regeln, dass (zusätzlich zur Aufrundung bei Partei A) bei einer weiteren Partei die Sitzzahl – obwohl der Nachkommarest des theoretischen Werts unter 0,5 liegt – aufgerundet wird, und zwar bei derjenigen Partei, bei welcher der Nachkommarest am größten ist. Das ist in unserem Beispiel bei Partei B der Fall, die somit bei der theoretischen Sitzzahl 23,43 nicht 23, sondern 24 Mandate bekommt. Entsprechend ist beim vom britischen Juristen Thomas Hare (1801-1891) vorgeschlagenen Verfahren die Zuteilung allgemein wie folgt geregelt:

Für jede Partei wird gemäß ihrem prozentualen Stimmenanteil die theoretische Anzahl ihrer Sitze (= jeweiliger Prozentsatz von der Gesamtzahl der Abgeordneten) berechnet. Wir bezeichnen im Folgenden diesen Wert als den *exakten Sitzanspruch* der jeweiligen Partei (oft auch *Quote* oder *Idealanspruch* genannt). Jede Partei bekommt dann zunächst den ganzzahligen Teil ihres exakten Anspruchs; ein zusätzliches Mandat bekommen Parteien mit den höchsten Nachkommaresten, und zwar so viele Parteien wie noch Sitze zu vergeben sind, damit die vorgesehene Parlamentsgröße erreicht wird.

Dieses *Quotenverfahren mit Restausgleich nach größten Bruchteilen* oder *Hare-Verfahren* ist ebenso einfach wie plausibel. Wenn wie in unserem Beispiel die Proporzrechnung für Partei B 23,43 Sitze und für Partei C 12,34 Sitze ergibt, dann leuchtet es ein, dass nach Zuteilung von zunächst 23 Sitzen für B und 12 Sitzen für C ein zusätzlich zu vergebender Sitz der Partei B eher zusteht als Partei C und die Verhältnismäßigkeit damit besser gegeben ist als bei jeder anderen Regelung. Gleichwohl ist das Haresche Zuteilungsverfahren nicht frei von paradoxen Phänomenen, wie die folgenden Beispiele zeigen.

Das Wählerzuwachsparadoxon: Mehr Wähler für Partei D bescheren Partei C einen zusätzlichen Sitz

Bei der Wahl einer Stadtvertretung, die aus 25 Mandatsträgern bestehen soll, haben vier Parteien A, B, C, D teilgenommen. Nach dem vorläufigen Ergebnis der Stimmenauszählung waren Stimmenzahlen, die sich daraus ergebenden prozentualen Anteile, die daraus nach Proporz folgenden exakten Sitzansprüche sowie die nach Hare ermittelten Anzahlen von Sitzen wie folgt:

Partei	A	B	C	D	zusammen
Anzahl Stimmen	12120	6665	5215	4600	28600
prozentualer Anteil	42,38%	23,30%	18,23%	16,08%	100%
exakter Sitzanspruch	42,4% von 25 10,59	23,30% von 25 5,83	18,23% von 25 4,56	16,08% von 25 4,02	25
Anzahl Sitze per Grundzuweisung	10	5	4	4	23 ; also 2 Restsitze zu vergeben
Anzahl Restsitze	1	1	0	0	2
Anzahl Sitze	11	6	4	4	25

Bei einer Überprüfung wird festgestellt, dass ein beim Auszählen der Stimmen gebildeter Packen mit 300 Stimmen für Partei D übersehen worden war. Für Partei D waren also tatsächlich 4900 Stimmen abgegeben worden.

Man ist sich bei Partei D darüber im Klaren, dass man auch mit den 300 zusätzlichen Stimmen noch unter der Stimmenzahl von C liegt und ja C wie D ebenfalls vier Mandate errungen hat. Daher wird allgemein angenommen, dass die nachträglich zu berücksichtigenden Stimmen zu keinerlei Änderungen bei der Mandatsverteilung führen können. Das aber erweist sich als Irrtum, wie die Neuberechnung der Mandate zeigt:

Partei	A	B	C	D	zusammen
Anzahl Stimmen	12120	6665	5215	4900	28900
prozentualer Anteil	41,93%	23,06%	18,04%	16,96%	100%
exakter Sitzanspruch	41,93% von 25 10,48	23,06% von 25 5,77	18,04% von 25 4,51	16,96% von 25 4,24	25
Anzahl Sitze per Grundzuweisung	10	5	4	4	23 ; also 2 Restsitze zu vergeben
Anzahl Restsitze	0	1	1	0	2
Anzahl Sitze	10	6	5	4	25

Partei A stehen nur noch zehn statt elf Mandaten zu; ein Sitz ging Partei A verloren, aber nicht zugunsten von Partei D, bei der die vorher übersehenen Stimmen hinzukamen, sondern zugunsten von Partei C. Es kam also zu einer Verschiebung zwischen den Parteien A und C, bei denen sich gar nichts an den Stimmenzahlen geändert hat. Partei C bekommt einen zusätzlichen Sitz, obwohl deren prozentualer Stimmenanteil wegen der erhöhten Gesamtstimmenzahl gesunken ist. Diese erstaunliche Konsequenz ist als das *Wählerzuwachsparadoxon* oder *Populationsparadoxon* bekannt.

Von besonderer politischer Bedeutung kann der Effekt sein, wenn die Partei, die wegen des Wählerzuwachses einen Sitz verliert – im Beispiel Partei A – mit jener Partei, für die der Wählerzuwachs (aber kein Sitzgewinn) zu verzeichnen ist, eine Koalitionsbildung beabsichtigt. Dann wäre die Koalition aufgrund der Mehrstimmen einer sie bildenden Partei geschwächt, was kaum im Sinne derjenigen ist, die diese Stimmen abgegeben haben. De facto liegt demnach auch hier ein Fall negativen Stimmgewichts vor (rechtlich natürlich nicht, weil keine Koalitionen, sondern Parteien gewählt werden).

Das Mandatszuwachsparadoxon: Weil die Gesamtzahl der Sitze erhöht wurde, verliert eine Partei ein Mandat

Der Finanzausschuss eines Landesparlaments besteht aus zwölf Abgeordneten. Insgesamt gehören dem Parlament 127 Mandatsträger aus vier Parteien A, B, C, D an:

Partei	A	B	C	D
Anzahl Sitze	56	47	17	7

Die den einzelnen Parteien zustehenden Ausschusssitze werden nach Hare ermittelt:

Partei	A	B	C	D	zusammen
Parlamentssitze	56	47	17	7	127
prozentualer Anteil im Parlament	44,1%	37,0%	13,4%	5,5%	100%
exakter Sitzanspruch im Ausschuss	44,1% von 12 5,3	37,0% von 12 4,4	13,4% von 12 1,6	5,5% von 12 0,7	12
Anz. Ausschusssitze per Grundzuweisung	5	4	1	0	10 ; also 2 Restsitze zu vergeben
Anzahl Restsitze	0	0	1	1	2
Ausschusssitze	5	4	2	1	12

Hier waren zwei Restsitze zu vergeben, die den Parteien C und D zufielen. Der listige Fraktionsvorsitzende von Partei A macht nun die Abgeordneten von Partei B darauf aufmerksam, dass deren Partei als nächste bei der Restzuteilung zum Zuge gekommen wäre und signalisiert Bereitschaft seiner Partei, einen Antrag auf Vergrößerung des Ausschusses auf 13 Sitze mitzutragen. Nach entsprechender Beschlussfassung erhält B, wie vermutet, einen fünften Sitz im Ausschuss. Doch hat die Erhöhung auf 13 Sitze, wie sich durch folgende Berechnung erweist, noch eine weitere Konsequenz.

Partei	A	B	C	D	zusammen
Parlamentssitze	56	47	17	7	127
prozentualer Anteil im Parlament	44,1%	37,0%	13,4%	5,5%	100%
exakter Sitzanspruch im Ausschuss	44,1% von 13 5,73	37,0% von 13 4,81	13,4% von 13 1,74	5,5% von 13 0,72	13
Anz. Ausschusssitze per Grundzuweisung	5	4	1	0	10 ; also 3 Restsitze zu vergeben
Anzahl Restsitze	1	1	1	0	3
Ausschusssitze	6	5	2	0	13

Man hätte erwartet, dass eine Erhöhung der Gesamtzahl der Sitze (hier im Ausschuss) nie zu weniger Sitzen einer Partei führen kann. Nachdem der Ausschuss von 12 auf 13 Mitglieder *vergrößert* wurde, steht D kein Sitz mehr zu, verliert also durch die Erhöhung ihren Sitz zugunsten von A. Diese seltsame Folge wird als das *Mandatszuwachsparadoxon* bezeichnet.

Bekannt wurde das interessante Phänomen im Jahre 1880 zunächst in den Vereinigten Staaten von Amerika bei Berechnungen zur Verteilung der den einzelnen Staaten zustehenden Sitze im Repräsentantenhaus. Diese Zuteilung wurde gemäß den Bevölkerungszahlen nach dem Hare-Verfahren (in Amerika *Hamilton-Verfahren* genannt) vorgenommen. Es wurde festgestellt, dass dem Bundesstaat Alabama acht Sitze zustehen, wenn das Repräsentantenhaus aus insgesamt 299 Mandatsträgern besteht, aber nur sieben Sitze bekäme, wenn insgesamt 300 Mandate zu vergeben sind. Wegen dieser Historie wird das Mandatszuwachsparadoxon häufig auch *Alabama-Paradoxon* genannt.

Weder Stimmen- noch Hausmonotonie: Ein Systemfehler?

Wenn wie bei Hare ein Mandatszuteilungssystem das Wählerzuwachsparadoxon und das Mandatszuwachsparadoxon ermöglicht, so verletzt das System die zwei folgenden Bedingungen, die manchmal an Zuweisungsverfahren im Verhältniswahlrecht gestellt werden.

Bedingung der Stimmenmonotonie: Erhöht sich die Stimmenzahl einer Partei, während bei allen anderen Parteien keine Änderungen eintreten, so führt dies nicht zu Mandatsverschiebungen zwischen diesen anderen Parteien. Wenn sich also Änderungen bei der Sitzzuteilung ergeben, dann nur in der Weise, dass die Partei, deren Stimmenzahl sich erhöht hat, auf Kosten einer anderen Partei einen zusätzlichen Sitz (oder auf Kosten mehrerer anderer Parteien zusätzliche Sitze) gewinnt.

Bedingung der Hausmonotonie: Wird die Gesamtzahl der Sitze erhöht, so verringert sich für keine Partei deren Anzahl an Sitzen.

Der Befund, dass diese Postulate vom Hare-Verfahren nicht erfüllt werden, wirft die Frage auf, ob diesem Verfahren ein Fehler innewohnt, der die Anwendung des Verfahrens als dem Verhältniswahlrecht inadäquat erscheinen lässt. Zu diesbezüglicher Klärung erweist sich eine mathematische Betrachtung der Veränderungen bei Stimmen- und Mandatszuwachs als erhellend. Unterziehen wir zunächst das Beispiel für die Verletzung der Hausmonotonie – also für das Mandatszuwachsparadoxon (Seiten 61f.) – einer mathematischen Beleuchtung: Partei A stehen 44,1% aller Ausschusssitze, Partei B 37,0%, Partei D 5,5% der Sitze zu, das sind bei dem zwölfköpfigen Ausschuss 5,3 (Partei A) bzw. 4,4 (Partei B) bzw. 0,7 (Partei D) Sitze (die Sitze für C spielen hier keine Rolle). Nach Hare erhält A fünf, B vier, D einen Sitz, d.h.: Gegenüber dem eigentlich nach Proporz sich ergebenden Anspruch bekommt D 0,3 Sitze „geschenkt"; den Parteien A und B wird ein Bruchteil weggenommen, bei A sind es 0,3 Sitze, bei B 0,4 Sitze. Nach der Grundidee des Hare-Systems sind die geschenkten bzw. weggenommenen Sitzanteile dadurch gerechtfertigt, dass bei jeder anderen Zuteilung Geschenke und Abzüge noch höher ausfallen würden.

Sind jetzt über die zunächst festgelegten zwölf Ausschusssitze hinaus deren weitere zu besetzen, so stehen natürlich auch von den zusätzlichen Sitzen den Parteien Anteile proportional zu ihrer Stärke im Gesamtparlament zu, also 44,1% der Zusatzsitze kann A beanspruchen, 37% B, 5,5% D. Das gilt auch für nur einen zusätzlichen, den dreizehnten Ausschusssitz. Dieser „gehört" also ebenfalls zu 44,1% A, zu 37% B und zu 5,5% D. Mithin erhöht sich der exakte Sitzanspruch für Partei A am stärksten (um 0,441) und für D am schwächsten (um 0,055). Dann ist es nicht mehr sehr überraschend, wenn bei den erhöhten Sitzansprüchen eher A das Geschenk eines Sitzbruchteils zusteht als D. Wenn D nach wie vor keinen Anspruch auf einen vollen Sitz hat, im Vergleich zu den anderen Parteien aber auch kein Geschenk mehr zusteht, muss D jetzt – es gibt ja nur zwei Möglichkeiten: man bekommt etwas geschenkt oder muss einen Sitzbruchteil abgeben – der „Teilsitz" weggenommen werden. Bei näherer Betrachtung ist es also so: Die Partei, die bei Realisierung des Mandatszuwachsparadoxons einen Sitz verliert, bekam vor der Mandatserhöhung ein Geschenk aufgrund für sie günstiger Umstände, die bei insgesamt einem Sitz mehr nicht mehr gegeben sind, womit der geschenkte Sitzbruchteil entfällt. Mit dieser Erkenntnis kann man natürlich aus der Verletzung der Hausmonotonie keine Verletzung des Proporzgrundsatzes ableiten.

Nicht viel anders verhält es sich hinsichtlich der Verletzung der Stimmenmonotonie. Im Beispiel zum Wählerzuwachsparadoxon (Seiten 59f.) kamen bei Partei D und damit auch insgesamt 300 Stimmen hinzu. Bei einer erhöhten Gesamtzahl an Stimmen sinkt natürlich für alle Parteien außer derjenigen mit der erhöhten Stimmenzahl der prozentuale Anteil, dies aber für die einzelnen Parteien in unterschiedlichem Maße: Je höher der Anteil ist, desto mehr geht prozentual bei höherer Gesamtzahl verloren. Das wird sofort klar, wenn größere Differenzen zwischen den einzelnen Parteien vorliegen und ein unrealistisch hoher

Zuwachs angenommen wird: Hat eine Partei X zum Beispiel 8000 von insgesamt 10000 Stimmen und haben die Parteien Y und Z jeweils 1000 Stimmen, so sind die Prozentanteile 80% für X und jeweils 10% für Y und Z. Kommen 6000 Stimmen für Z hinzu, so hat X jetzt 8000 von 16000 Stimmen, damit also nur noch 50%. Bei Partei Y, die ja nur 10% hatte, kann der Prozentsatz natürlich nicht auch um 30 Prozentpunkte gefallen sein, tatsächlich ist er von 10% auf 5%, also um 5 Prozentpunkte zurückgegangen. Größere Parteien verlieren also mehr Prozentpunkte als kleinere. Dementsprechend verringert sich der exakte Sitzanspruch stärker bei größeren Parteien. Für eine kleine Partei kann der Rückgang bei nicht zu hohem Gesamtstimmenzuwachs so gering ausfallen, dass er noch nicht mit einem Sitzverlust an die Partei mit gestiegener Stimmenzahl verbunden ist und gleichzeitig zum Anspruch auf einen Restsitz führt, der vorher einer größeren Partei zugestanden hatte. Damit kommen wir zu dem Schluss, dass der zunächst als paradox empfundene Mandatsaustausch zwischen zwei Parteien aufgrund höherer Stimmenzahl bei einer dritten Partei dem – nach Hare interpretierten – Proporzprinzip keineswegs entgegensteht.

Wir halten zusammenfassend fest: Weder die Verletzung der Stimmenmonotonie noch die Verletzung der Hausmonotonie stehen im Widerspruch zum Grundsatz der Verhältniswahl.

Die Zusatzklausel von Niemeyer: Wer die Mehrheit der Stimmen hat, soll auch im Parlament die Mehrheit haben

Beim Hare-Verfahren kann der Fall eintreten, dass eine Partei zwar die (absolute) Mehrheit der Stimmen erreicht, die Mehrheit der Sitze aber verfehlt. Überhaupt nicht verwunderlich ist das bei einer geraden Gesamtzahl an Sitzen: Natürlich kann es sein, dass bei einem Stimmenanteil einer Partei PQR von knapp über 50% und insgesamt zwanzig Sitzen eine Verteilung von zehn Sitzen für PQR und damit ebenfalls zehn

Sitzen für alle übrigen Parteien zusammen dem Stimmenverhältnis besser entspricht als das Verhältnis 11:9. Aber auch bei einer ungeraden Anzahl von Mandaten kommt der Fall vor, dass eine Mehrheit an Stimmen nicht zur Mehrheit im Parlament führt, so in folgendem Beispiel:

Anzahl Sitze: 31   abgegebene gültige Stimmen: 20000

Verteilung nach Hare

Partei	A	B	C	zusammen
Anzahl Stimmen	10050	6900	3050	20000
prozentualer Anteil	50,25%	34,5%	15,25%	100%
exakter Sitzanspruch	50,25% von 31 15,58	34,5% von 31 10,70	15,25% von 31 4,73	31
Anzahl Sitze per Grundzuweisung	15	10	4	29 ; also 2 Restsitze zu vergeben
Anzahl Restsitze	0	1	1	2
Anzahl Sitze	**15**	**11**	**5**	31

Partei A ist also in der Körperschaft trotz eines Stimmenanteils von 50,25% nur mit 15 von 31 Mandaten vertreten und verfügt damit über keine Mehrheit. Das kann man aber nicht als paradox bezeichnen. Da der exakte Sitzanspruch von A ja mit 15,6 unter 16 liegt, ist die Partei zwar mit 15 Sitzen unterproportional, wäre aber andererseits mit 16 Mandaten überproportional vertreten. (Bekäme A 16 Sitze, hätte die Partei 51,6% der Mandate trotz des Stimmenanteils von nur 50,25%.)

Obwohl hier keine Paradoxie vorliegt, wird es gleichwohl vielfach als wünschenswert erachtet, dass der sich hier zeigende Effekt nicht eintritt. Eine absolute Mehrheit bei der Stimmenzahl soll nach weithin vertretener Meinung auch die absolute Mehrheit im Parlament nach sich ziehen. Um das zu gewährleisten, ist in vielen Wahlgesetzen das Hare-Verfahren um eine vom deutschen Mathematiker Horst F. Niemeyer (1931-2007) vorgeschlagene Zusatzklausel ergänzt. Diese lautet so:

Würde ein Wahlvorschlag, für den die absolute Mehrheit der gültigen Stimmen abgegeben wurde, beim Verfahren nach den größten Resten nicht die absolute Mehrheit erreichen, so wird er bei der Zuteilung der Restsitze vorrangig berücksichtigt.

Damit ist für den genannten Fall garantiert, dass der betreffenden Partei ein Restsitz zugesprochen wird, woraus sich eine Aufrundung ihres exakten Sitzanspruchs und mithin die Mehrheit der Mandate ergibt. Das durch diese Zusatzregelung modifizierte Zuteilungssystem ist als *Hare/Niemeyer-Verfahren* bekannt.

Bei obigem Beispiel erhält also nach Hare/Niemeyer von den zwei zu vergebenden Restsitzen zunächst Partei A einen und nur der zweite wird aufgrund des größten Restes zugeteilt. Dieser fällt dann an Partei C, während Partei B des an A gegangenen Restsitzes verlustig geht. Die Mandate sind somit so verteilt: A 16 Sitze, B 10 Sitze, C 5 Sitze.

Ganz unproblematisch ist die Anwendung der Niemeyer-Klausel freilich nicht, denn: Vertritt man die Auffassung, dass den Grundsätzen der Verhältniswahl (noch) am besten das Verfahren nach den größten Resten Rechnung trägt, so sind diese Grundsätze mit der Zusatzklausel offenkundig verletzt. Bei Anwendung der Zusatzregel bekommt die knapp über der absoluten Stimmenmehrheit liegende Partei ja auf Kosten einer anderen Partei einen Sitz mehr als es dem System entspricht, mit dem die bestmögliche Annäherung (nach Auffassung seiner Befürworter) an die angestrebte proportionale Zuteilung realisiert wird. Soll die Zuteilungsregelung allein vom Proporzgedanken bestimmt sein, kann für Stimmenanteile von knapp über 50% natürlich keine andere Regel gelten als bei anderen (willkürlichen) Grenzen wie 30% oder 40%. Andererseits könnte es als ungerecht erscheinen, wenn die Parteien B und C zusammen eine Mehrheit gegen A hätten und eine Koalition gegen A bilden können, obwohl sie zusammen weniger Wählerstimmen als A erhalten haben. Wohl hauptsächlich, um eine solche Folge auszuschließen – vielleicht auch, um das Erreichen einer klaren Mehrheit zu erleichtern – wird das Hare-Verfahren üblicherweise in der von Niemeyer modifizierten Form angewandt (so bei Landtagswahlen in mehreren Bundesländern, u.a. in Bayern, Brandenburg, Hessen, Mecklenburg-Vorpommern und Thüringen). Es bleibt aber dabei, dass damit vom Prinzip der reinen Verhältniswahl abgewichen wird.

Hält man diese Abweichung für vertretbar wegen der oben angesprochenen sonst möglichen Folge, dass sich Parteien zu einer Koalition zusammenschließen, die dann eine Parlamentsmehrheit haben, obwohl sie zusammen weniger Wählerstimmen als die einzige Oppositionspartei vereinigt haben, so stellt sich eine weitere Frage: Muss dann nicht auch im umgekehrten Fall – von drei Parteien haben zwei, die eine Koalition bilden wollen, zusammen die absolute Mehrheit erreicht – gewährleistet sein, dass diesen beiden Parteien die Mehrheit der Mandate zufällt? Mit dem Hare/Niemeyer-System ist diese Gewähr nicht gegeben, wie wir an folgendem Beispiel sehen:

Anzahl Sitze: 31   abgegebene gültige Stimmen: 20000

Verteilung nach Hare

Partei	A	B	C	zusammen
Anzahl Stimmen	9950	6050	4000	20000
prozentualer Anteil	49,75%	30,25%	20,0%	100%
exakter Sitzanspruch	49,75% von 31 15,42	30,25% von 31 9,38	20,0% von 31 6,20	31
Anzahl Sitze per Grundzuweisung	15	9	6	30 ; also 1 Restsitz zu vergeben
Anzahl Restsitze	1	0	0	1
Anzahl Sitze	**16**	**9**	**6**	31

Partei A hat hier weniger Stimmen als die eine Koalition anstrebenden Parteien B und C zusammen, verfügt aber über die Mehrheit der Sitze. Die Zusatzklausel von Niemeyer kommt nicht zur Anwendung, da weder B noch C eine absolute Stimmenmehrheit aufweist – und sollte man darin die gleiche Ungerechtigkeit sehen wie im oben beschriebenen Fall, so bleibt sie unkorrigiert, und es dürfte auch kaum ein praktikables Verfahren denkbar sein, das eine Korrektur ermöglichen würde.

Stimmenzahl pro Sitz muss hoch sein:
Das Höchstzahlverfahren nach d'Hondt

Das Sitzzuteilungsverfahren von d'Hondt[9] ist trotz etwas größeren Rechenaufwandes als bei Hare sehr populär, wurde auch lange (bis 1993) bei Wahlen zum Deutschen Bundestag angewandt, wird heute aber von der Mehrheit der Wahlrechtsexperten und seitens großer Teile der Politik nicht mehr als angemessenes Verfahren akzeptiert. In einigen Bundesländern kommt es aber durchaus noch bei Landtags- und Kommunalwahlen zur Anwendung.[10] Wir erläutern die bei diesem System vorzunehmenden Rechenvorgänge und die zugrunde liegenden Überlegungen anhand des folgenden Beispiels. Die Tabelle hierzu enthält auch die durch 1, 2, 3, 4 usw. dividierten Stimmenzahlen und damit diejenigen Stimmenzahlen, welche die einzelnen Parteien pro Sitz hätten, wenn sie 1, 2, 3, 4 usw. Sitze bekämen. Auf diese *Stimmenzahlen pro Sitz* kommt es nämlich beim d'hondtschen Verfahren an.

Anzahl Sitze: 15 abgegebene gültige Stimmen: 9000

Partei	A	B	C	zusammen
Stimmenzahl (SZ)	4300	3100	1600	9000
prozentualer Anteil	47,8%	34,4%	17,8%	100%
exakter Sitzanspruch	47,8% von 15 7,17	34,4% von 15 5,17	17,8% von 15 2,67	15
SZ : 1	4300	3100	1600	
SZ : 2	2150	1550	800	
SZ : 3	1433	1033	533	
SZ : 4	1075	775		
SZ : 5	860	620		
SZ : 6	717	517		

---

[9] Victor d'Hondt (1841-1901), belgischer Rechtswissenschaftler

[10] Bei Landtagswahlen in Niedersachsen, Saarland und Sachsen, bei Kommunalwahlen in Bayern, Saarland und Sachsen

SZ : 7	**614**			
SZ : 8	**538**			
SZ : 9	478			

Die fünfzehn höchsten Quotienten in dieser Tabelle sind die fett gedruckten; acht davon sind bei Partei A, fünf bei Partei B und zwei bei
Partei C. In diesen Anzahlen werden den Parteien dann auch Mandate
zugeteilt, und zwar mit folgender Begründung: Hinter jedem der acht
Sitze von A stehen 538 Stimmen; bekäme A aber einen Sitz weniger,
also nur sieben, zugunsten von C, die dann drei Sitze hätte, so stünden
hinter jedem der drei Sitze von C nur 533, also weniger als 538 Stimmen. Oder würde man z.b. A noch einen neunten Sitz auf Kosten von B
geben, so könnte A nur noch 478 Stimmen pro Sitz auf die Waagschale
legen, während B bei fünf Sitzen 620 Stimmen pro Sitz zu bieten hat.
Wären statt fünfzehn insgesamt sechzehn Sitze zuzuteilen, so erhielte
C dieses zusätzliche Mandat, da bei C dann hinter jedem Sitz 533 Wählerstimmen stünden, während es bei A mit einem zusätzlichen (dem
neunten) Sitz nur 478 und bei B mit einem weiteren (dem sechsten)
Mandat nur 517 Stimmen pro Sitz wären.

Entsprechend ist das d'hondtsche Verfahren allgemein durch folgende
Prozedur festgelegt: Die Stimmenzahlen der einzelnen Parteien werden durch 1, 2, 3, 4 usw. geteilt. Der höchste sich ergebende Quotient
entscheidet über die Vergabe des ersten Sitzes, der zweithöchste Quotient über die Zuteilung des zweiten Sitzes usw., bis alle Sitze vergeben
sind.

Die Argumentation für diesen Zuteilungsweg klingt plausibel: Wenn
der letzte Sitz einer Partei so zugesprochen wird, dass diese Partei
mehr Stimmen pro Sitz aufweisen kann als es bei jeder anderen Partei,
bekäme jene den letzten Sitz, der Fall wäre, so erscheint das als eine
gerechte Lösung. Dieser Eindruck bleibt indes nicht bei jedem bestehen, wenn man das Resultat des Verfahrens betrachtet und sich dieses
zusammen mit den exakten Sitzansprüchen anschaut:

Partei A bekommt 8 Sitze bei einem exakten Anspruch von 7,17 Sitzen,
Partei B bekommt 5 Sitze bei einem exakten Anspruch von 5,17 Sitzen,

Partei C bekommt 2 Sitze bei einem exakten Anspruch von 2,67 Sitzen.

Dass der exakte Anspruch bei A von 7,17 letztlich auf 8 aufgerundet, der exakte Anspruch bei C aber von 2,67 auf 2 abgerundet wird, entspricht nicht unbedingt den Vorstellungen von proporzgerechter Zuteilung. Vielmehr wird das Ergebnis oft so beurteilt, dass das System zu einer Begünstigung von A, der stärksten Partei, und zu einer Benachteiligung von C, der schwächsten Partei, geführt habe. Das ist nicht nur im betrachteten Beispiel, sondern sehr häufig der Fall. Wenn sich das Ergebnis beim d'hondtschen Verfahren vom Ergebnis nach Hare unterscheidet – was nicht immer der Fall ist, häufig sind die Resultate bei beiden Systemen auch gleich – so erhält bei d'Hondt eine stärkere Partei (mindestens) ein Mandat mehr auf Kosten (mindestens) einer schwächeren Partei. In Erläuterungen zu Sitzzuteilungsalgorithmen liest man deshalb fast immer, das d'hondtsche System begünstige die großen Parteien. Richtig ist das im Vergleich zum Hare-System.[11] Es ist auch insofern nicht falsch, als das Verfahren – wie im Beispiel gesehen – dazu führen kann, dass bei der stärksten Partei der exakte Sitzanspruch deutlich stärker aufgestockt wird (im Beispiel von 7,17 auf 8, also um 0,83 Sitze) als es bei einer schwächeren Partei der Fall wäre, wenn ihr ein Sitz mehr zugeteilt würde (im Beispiel: bei Partei C von 2,67 auf 3, also um 0,33 Sitze). Doch Vorsicht! Die Aufstockungen um 0,83 bzw. 0,33 Sitze sind *absolute* Werte. Wie sieht es mit den *relativen* Aufstockungen aus? Partei A bekommt nach d'Hondt 0.83/7,17 des exakten Sitzanspruchs mehr, das ist eine Aufstockung um 11,6%. Würde man den letzten Sitz nicht A, sondern C zuteilen, so würde der Anspruch von C um 0,33/2,67 angehoben, das sind 12,4%! Vergleicht man also die prozentualen Veränderungen bei der Aufrundung für Partei A von 7,18 auf 8 mit jener bei der alternativen Aufrundung für Partei C von 2,67 auf 3, so muss konstatiert werden: Die relative Aufstockung für Partei A fällt *geringer* aus als es bei einer anderen Partei

---

[11] Im mathematischen Anhang (Abschnitt M1d) finden Sie einen Nachweis, dass die stärkste Partei niemals beim d'hondtschen Verfahren schlechter abschneiden kann als beim Hare-Verfahren (in dessen Reinform, also ohne die Zusatzklausel von Niemeyer).

der Fall wäre[12]. Und da ja in einem Verhältniswahlsystem die Anzahlen der Sitze *relativ* den Stimmenzahlen entsprechen sollen, kann man es jetzt auch so sehen: Das d'hondtsche System setzt das Verhältniswahlprinzip genauer um als das Verfahren nach Hare. Wenn sich Unterschiede zwischen den beiden Systemen ergeben, so bestehen sie in einer Benachteiligung einer stärkeren zugunsten einer schwächeren Partei bei Hare.

So kann man, muss man es aber nicht sehen. Wem die Logik des Hare-Systems plausibler erscheint als bei d'Hondt, muss dieses Verfahren als das gerechteste beurteilen. Dann weicht für ihn die d'hondtsche Zuteilungsmethode von der gerechtesten zugunsten stärkerer Parteien ab, die mithin bei dieser Sicht der Dinge begünstigt werden.

Wer hingegen die Argumentation, mit der das d'Hondt-Verfahren begründet wird, für am überzeugendsten hält, sieht bei Zuteilung nach Hare logischerweise eine Benachteiligung der großen Parteien.

Begünstigung bzw. Benachteiligung durch ein System kann selbstverständlich nicht damit begründet werden, dass dieses System für größere oder kleinere Parteien im Vergleich zu anderen Verfahren von Vorteil oder von Nachteil ist. Stichhaltig ist vielmehr nur eine Begründung, die Schwächen in der Logik aufzeigt, auf der die Umsetzung des Verhältniswahlprinzips in ein Zuteilungsverfahren basiert. Dass ansonsten nur von relativen Vor- oder Nachteilen für größere Parteien beim einen System im Vergleich zum anderen die Rede sein kann, drückte der österreichisch-ungarische Mathematiker George Pólya (1887-1985) ebenso treffend wie originell mit der Bemerkung aus, die Anhänger eines Verfahrens sähen in allen anderen Verfahren Verzerrungen des eigenen.

Wer in keinem System logische Fehler entdeckt, kann sich natürlich aus wahlrechtspolitischen Gründen für ein System entscheiden, das

---

[12] Es kommt nie vor, dass die prozentuale Anhebung der Mandatszahl für eine Partei höher ist als sie für eine andere Partei wäre, wenn jene einen Sitz mehr bekommen würde (Nachweis im mathematischen Anhang, Abschnitt M1e).

für kleinere Parteien vorteilhafter ist. Unredlich wäre es dann aber zu behaupten, die damit verbundene Ablehnung des d'hondtschen Systems sei wegen einer „Begünstigung" von großen Parteien aus Gerechtigkeitsgründen geboten.

Hare plus Niemeyer für die stärkste Partei manchmal günstiger als d'Hondt

Das Hare/Niemeyer-System – also die Zuteilungsregel von Hare in Verbindung mit der Zusatzklausel von Niemeyer; siehe Seiten 65ff. – führt, wie wir bereits konstatiert haben, zu Abweichungen vom Prinzip der reinen Verhältniswahl (siehe Seite 67f.). Das ist in besonders starkem Maße der Fall, wenn die Gesamtzahl der Mandate gerade ist. Dann kann es sein, dass sich die nach Hare/Niemeyer hergestellte absolute Mehrheit einer Fraktion nicht einmal nach dem System von d'Hondt ergibt, das ja, wie wir erkannt haben, für die größeren Parteien vorteilhafter als das Hare-Verfahren ist. Im folgenden Beispiel liegt dieser Fall vor.

Anzahl Sitze: 10   abgegebene gültige Stimmen: 8000

Partei	A	B	C	zusammen
Stimmenzahl (SZ)	4050	3000	950	8000
prozentualer Anteil	50,6%	37,5%	11,9%	100%
exakter Sitzanspruch	50,6% von 10 5,06	37,5% von 10 3,75	11,9% von 10 1,19	10
SZ : 1			950	
SZ : 2			475	
SZ : 3		1000		
SZ : 4		750		
SZ : 5	810			
SZ : 6	675			

Die Division aus der Stimmenzahl von A durch 6 ergibt einen kleineren Wert als bei der Stimmenzahl von B durch 4. Also fällt beim d'hondtschen Höchstzahlverfahren der letzte Sitz nicht an A, sondern an B. A erhält fünf, B erhält vier Sitze und C einen Sitz. Das reine Hare-System führt zum gleichen Ergebnis; bei Hare/Niemeyer aber kommt Partei A, weil sie die absolute Mehrheit der Stimmen, mit dem Ganzteil beim exakten Sitzanspruch aber noch nicht die Mehrheit der Mandate erreicht hat, bei den Restsitzen vorrangig zum Zuge und erhält damit sechs Sitze, B folglich nur drei, C einen.

Bei ungerader Anzahl von Sitzen hat auch bei d'Hondt eine absolute Stimmenmehrheit stets auch eine Parlamentsmehrheit zur Folge. Diese Konsequenz ergibt sich bei d'Hondt aber aus der Verfahrenssystematik, die wiederum Folge eines bestimmten – sich von Hare grundlegend unterscheidenden – Ansatzes bei der Grundsatzfrage ist, welche Umsetzung von Wähleranteilen in Mandate am gerechtesten sei (d.h.: den Grundsätzen der Verhältniswahl am besten entspreche). Also: Wer diese grundsätzliche Frage wie d'Hondt beantwortet, für den ist es bei ungerader Zahl von Mandaten immer gerecht, wenn die mit Stimmenmehrheit versehene Partei auch über die Parlamentsmehrheit verfügt. Wer die Frage aber wie Hare (und auch Niemeyer) beantwortet, kann die Sitzzuteilung dann nicht mehr uneingeschränkt als gerecht beurteilen, wenn die Mehrheit nur durch Anwendung der Zusatzklausel zustande kommt.

Obere Quotenbedingung verletzt: Zur schon aufgerundeten Mandatezahl kommen noch Extrasitze

Das Verhältniswahlrecht erfordert die Festlegung von speziellen Mandatszuweisungssystemen, weil der dem prozentualen Stimmenanteil entsprechende exakte Sitzanspruch der einzelnen Parteien in der Regel nicht ganzzahlig ist und sich beim Standardrunden insgesamt mehr Sitze oder weniger Sitze als vorgesehen ergeben können. Man wird von einem Zuweisungsverfahren zum Verhältniswahlrecht dann erwarten, dass keine Partei weniger Mandate bekommt, als sich bei Abrundung des exakten Anspruchs auf eine ganze Zahl ergibt, und die Zahl der Sitze auch den auf eine ganze Zahl aufgerundeten exakten Anspruch nicht überschreitet. Ersteres ist die *untere*, letzteres die *obere Quotenbedingung*. Die beiden Postulate können auch so formuliert werden:

Quotenbedingungen: Die Anzahl der Sitze einer Partei ist stets um weniger als 1 größer (obere Quotenbedingung) und um weniger als 1 kleiner (untere Quotenbedingung) als der exakte Sitzanspruch.

Beim Hare-Verfahren (und auch bei der Variante Hare/Niemeyer) gelten offensichtlich beide Forderungen: Da immer zunächst der ganzzahlige Anteil des exakten Anspruchs zugeteilt wird, ist die untere Bedingung erfüllt, und da höchstens ein Restsitz hinzukommt (aber nie bei exakt ganzzahligem Anspruch) auch die obere.

Die untere Quotenbedingung wird auch vom d'hondtschen Verfahren stets respektiert; keine Partei bekommt also weniger Sitze als den auf die nächstkleinere ganze Zahl abgerundeten exakten Anspruch; ein Nachweis wird im mathematischen Anhang (Abschnitt M1c) geführt. Anders sieht es jedoch mit der oberen Quotenbedingung aus. Sie kann durchaus verletzt sein; so in diesem Beispiel:

Anzahl Sitze: 8   abgegebene gültige Stimmen: 7750

Partei	A	B	C	zusammen
Stimmenzahl (SZ)	4800	1500	1450	7750
prozent. Anteil	61,9%	19,4%	18,7%	100%
exakter Sitzanspruch	61,9% von 8 4,95	19,4% von 8 1,55	18,7% von 8 1,50	8
SZ : 1	**4800**	**1500**	**1450**	
SZ : 2	**2400**	750	725	
SZ : 3				
SZ : 4				
SZ : 5				
SZ : 6	**800**			
Anzahl Sitze	**6**	**1**	**1**	**8**

Partei A bekommt nach d'Hondt im vorliegenden Fall sechs Mandate, obwohl der exakte Sitzanspruch unter 5 liegt. Das d'hondtsche System kann also dazu führen, dass die stärkste Partei eine Anzahl von Mandaten bekommt, die über den nach oben gerundeten exakten Sitzanspruch hinausgeht. Es kann sogar sein, dass es nicht bei nur einem solchen Extrasitz bleibt, dass also mehrere Sitze zusätzlich zum aufgerundeten exakten Anspruch zugeteilt werden. Besonders starke Abweichungen vom exakten Sitzanspruch können sich ergeben, wenn es relativ wenig zu vergebende Sitze, viele Parteien und eine große Differenz zwischen den Stimmenanteilen der stärksten Partei und den übrigen Parteien gibt. Bei dem mit unten stehender Tabelle gegebenen extremen Beispiel, bei dem neun Sitze zu vergeben sind, erhält Partei A nach Hare fünf, nach d'Hondt aber alle neun Sitze. Der Proporz erscheint hier bei weitem nicht mehr gewahrt. Allerdings liegt auch diese extreme Aufstockung von 5,11 auf 9 Sitze relativ betrachtet noch niedriger als sie bei einer anderen Partei ausfallen würde, spräche man jener den letzten Sitz zu: Die Anhebung von 5,11 auf 9 bedeutet ca. 76% mehr. Das ist natürlich ein gewaltiges Plus – aber bei jeder Alternative wäre es noch gewaltiger; bekäme eine der Parteien B, C, D, E einen Sitz, so wäre das eine Aufstockung des exakten Anspruchs um 96% (von 0,51 auf 1 Sitz)!

Anzahl Sitze: 9 abgegebene gültige Stimmen: 17600

Partei	A	B	C	D	E	F, G, H, I	zusammen
Stimmenzahl (SZ)	10000	1000	1000	1000	1000	jeweils 900	17600
proz. Anteil	56,8%	5,7%	5,7%	5,7%	5,7%	jeweils 5,1%	100%
exakter Sitzanspruch	5,11	0,51	0,51	0,51	0,51	jeweils 0,46	9
nach Hare: Erstanspr.sitze	5	0	0	0	0	0	5, also 4 Restsitze zu verg.
Restsitze	0	1	1	1	1	0	4

Sitze nach Hare	5	1	1	1	1	0	9
SZ : 1	10000	1000	1000	1000	1000	jeweils 900	
... SZ : 9	... 1111						
Sitze nach d'Hondt	9	0	0	0	0	0	9

Das Divisorverfahren mit Abrundung: Andere Rechnung, gleiches Ergebnis wie beim Höchstzahlverfahren

Es gibt mehrere Rechenwege, mit denen die Sitzzuteilung nach d'Hondt ermittelt werden kann. Der bekannteste ist das bisher verwendete Höchstzahlverfahren. Von den weiteren – zum gleichen Ergebnis führenden – Algorithmen besprechen wir noch das sogenannte *Divisorverfahren mit Abrundung*, das manchmal, vor allem bei hoher Gesamtzahl an Mandaten, einen erheblich geringeren Rechenaufwand als die Höchstzahlmethode erfordert. Die zugehörigen Überlegungen lassen den Zusammenhang mit dem Verhältnisprinzip deutlicher werden als bei allen alternativen Rechenmethoden. Wir betrachten dazu nochmals das Beispiel von Seite 69.

Anzahl Sitze: 15   abgegebene gültige Stimmen: 9000

Partei	A	B	C	zusammen
Stimmenzahl (SZ)	4300	3100	1600	9000

Wie beim Höchstzahlverfahren gehen wir von dem Grundgedanken aus, dass ein Kriterium für die Verteilung so bestimmt werden soll, dass die sich ergebende Anzahl der Stimmen pro Sitz entscheidet. Dazu stellen wir fest, dass im Beispiel insgesamt

$$\frac{9000\,\text{Stimmen}}{15\,\text{Sitze}} = 600\,\text{Stimmen pro Sitz}$$

abgegeben wurden. Der exakte Sitzanspruch der einzelnen Parteien, den wir bisher mittels des prozentualen Stimmenanteils berechnet haben, lässt sich damit auch so ermitteln:

Partei A:
$$\frac{4300\,\text{Stimmen}}{600\,\text{Stimmen pro Sitz}} \approx 7,2\,\text{Sitze}$$

Partei B:
$$\frac{3100\,\text{Stimmen}}{600\,\text{Stimmen pro Sitz}} \approx 5,2\,\text{Sitze}$$

Partei C:
$$\frac{1600\,\text{Stimmen}}{600\,\text{Stimmen pro Sitz}} \approx 2,7\,\text{Sitze}$$

Das sind selbstverständlich die gleichen Werte wie die auf Seite 69 erhaltenen. Es stellt sich wie bei jeder Methode zur Sitzverteilung die Frage, wie die Dezimalzahlen auf ganze Zahlen gerundet werden sollen, ohne dass von der vorab festgelegten Gesamtzahl an Sitzen (im Beispiel: 15) abgewichen wird. Wie im mathematischen Anhang gezeigt wird (Abschnitt M1a), erhält man das gleiche Ergebnis wie beim d'hondtschen Höchstzahlverfahren, wenn *grundsätzlich abgerundet* wird. Zunächst führt Abrundung allerdings in unserem Beispiel zu insgesamt nur 14 statt 15 Sitzen (A 7, B 5, C 2). Das ist auch nicht verwunderlich, da ja bei jeder Partei durch die Abrundung ein Sitzbruchteil verloren geht. Da im Beispiel die Abrundung auf eine ganze Zahl erfolgte, nachdem die Stimmenzahlen durch 600 Stimmen geteilt wurden, ergibt sich für jeweils volle 600 Stimmen ein Sitz. Wenn aber damit die Gesamtzahl der Sitze nur auf 14 kommt, darf man pro Sitz keine vollen 600, sondern muss weniger Stimmen verlangen, vielleicht nur 550. Wir probieren, ob mit dieser Zahl die festgelegten 15 Mandate erreicht werden; die Sitzansprüche werden also mit Divisor 550 neu berechnet:

Partei A:
$$\frac{4300\,\text{Stimmen}}{550\,\text{Stimmen pro Sitz}} \approx 7,8\,\text{Sitze}$$

Partei B:
$$\frac{3100\,\text{Stimmen}}{550\,\text{Stimmen pro Sitz}} \approx 5,6\ \text{Sitze}$$

Partei C:
$$\frac{1600\,\text{Stimmen}}{550\,\text{Stimmen pro Sitz}} \approx 2,9\ \text{Sitze}$$

Wir müssen zur Kenntnis nehmen, dass Abrundung noch zum gleichen Ergebnis führt wie bei der ersten Rechnung. Also war die für einen Sitz verlangte Stimmenzahl 550 immer noch zu hoch. Wir machen einen weiteren Versuch mit 530 Stimmen pro Sitz:

Partei A:
$$\frac{4300\,\text{Stimmen}}{530\,\text{Stimmen pro Sitz}} \approx 8,1\ \text{Sitze}$$

Partei B:
$$\frac{3100\,\text{Stimmen}}{530\,\text{Stimmen pro Sitz}} \approx 5,8\ \text{Sitze}$$

Partei C:
$$\frac{1600\,\text{Stimmen}}{530\,\text{Stimmen pro Sitz}} \approx 3,02\ \text{Sitze}$$

Nun müssen wir registrieren, dass Abrundung zu insgesamt 16 Sitzen führt (A 8, B 5, C 3), also zu einem Sitz zu viel; die pro Sitz verlangte Stimmenzahl 530 war jetzt demnach zu niedrig, so dass ein weiterer Versuch mit einer etwas größeren Zahl unternommen wird; nehmen wir 535:

Partei A:
$$\frac{4300\,\text{Stimmen}}{535\,\text{Stimmen pro Sitz}} \approx 8,04\ \text{Sitze}$$

Partei B:
$$\frac{3100\,\text{Stimmen}}{535\,\text{Stimmen pro Sitz}} \approx 5,8\ \text{Sitze}$$

Partei C:
$$\frac{1600\,\text{Stimmen}}{535\,\text{Stimmen pro Sitz}} \approx 2,99\ \text{Sitze}$$

Die Summe der abgerundeten Werte beträgt jetzt, wie gewünscht, 15. Partei A erhält − in Übereinstimmung mit dem Ergebnis nach der

Höchstzahlmethode (siehe Seite 70) – acht Sitze, B fünf und C zwei Sitze.

Gerechtfertigt wird hier das Resultat mit folgender, sich an voranstehenden Überlegungen orientierender Argumentation: Verlangt man, dass bei jeder Partei jeder Sitz durch volle 535 Stimmen legitimiert wird, so kann Partei A acht solche 535er-Stimmenpakete vorweisen, Partei B deren fünf und Partei C zwei, so dass den Parteien in diesen Anzahlen Mandate zustehen. Zum gleichen Ergebnis wäre man im vorliegenden Beispiel mit dem Divisor 534 (statt 535) gelangt, desgleichen mit 536 und mit 537. Es kann nie passieren, dass sich mit zwei Divisoren verschiedene mögliche Mandatsverteilungen ergeben; auch dies wird in Abschnitt M1a des mathematischen Anhangs nachgewiesen.

Sainte-Laguë: Das Divisorverfahren mit Standardrundung

Wir kommen nochmals auf das Beispiel von Seite 69 zurück:

Anzahl Sitze: 15   abgegebene gültige Stimmen: 9000

Partei	A	B	C	zusammen
Stimmenzahl (SZ)	4300	3100	1600	9000

Dieses Beispiel wurde auch im vorhergehenden Abschnitt wieder aufgegriffen. Das dabei angewandte Divisorverfahren begann mit der Division der Stimmenzahlen durch 600, was zunächst zu folgenden Sitzansprüchen der einzelnen Parteien führte:

Partei A: 7,2 Sitze ; Partei B: 5,2 Sitze ; Partei C: 2,7 Sitze

Diese nichtganzen Anzahlen wurden zunächst abgerundet, dann ein neuer Divisor (statt 600) gewählt usw. Nun kann man sich natürlich auch auf ein Zuteilungssystem festlegen, bei dem nicht grundsätzlich abgerundet, sondern nach einer anderen Rundungsregel verfahren wird. Am naheliegendsten dürfte die Entscheidung für die Standard-rundung sein. Diese Variante, das *Divisorverfahren mit Standardrundung*, ist auch als *Sainte-Laguë-Verfahren*[13] bekannt. In unserem Beispiel kommt man damit sofort auf insgesamt fünfzehn Sitze, nämlich sieben für A, fünf für B und jetzt drei für C. Somit müssen hier beim Divisorverfahren mit Standardrundung keine weiteren Divisionen mehr durchgeführt werden. Dem ist allerdings nicht immer so; ein Fall, wo es anders ist (der erste Divisor also nicht gleich zum Ziel führt), liegt mit dem Beispiel von Seite 57f. vor, mit dem dort das Verfahren von Hare erläutert wurde:

Anzahl Sitze: 71 abgegebene gültige Stimmen: 800000

Partei	A	B	C	D	zusammen
Anzahl Stimmen	336000	264000	139000	61000	800000

Die durchschnittliche Stimmenzahl pro Sitz beträgt:

$$\frac{800000\,\text{Stimmen}}{71\,\text{Sitze}} \approx 11268 \text{ Stimmen pro Sitz}$$

Bei der Anwendung des Divisorverfahrens beginnen wir daher mit dem Divisor 11268:

Partei A: $\dfrac{336000\,\text{Stimmen}}{11268\,\text{Stimmen pro Sitz}} \approx 29{,}8 \text{ Sitze}$

Partei B: $\dfrac{264000\,\text{Stimmen}}{11268\,\text{Stimmen pro Sitz}} \approx 23{,}4 \text{ Sitze}$

Partei C: $\dfrac{139000\,\text{Stimmen}}{11268\,\text{Stimmen pro Sitz}} \approx 12{,}3 \text{ Sitze}$

---

[13] André Sainte- Laguë (1882-1950), französischer Mathematiker

$$\text{Partei D:} \qquad \frac{61000\,\text{Stimmen}}{11268\,\text{Stimmen pro Sitz}} \approx 5{,}4\,\text{Sitze}$$

Bei Standardrundung ergeben sich hier für Partei A 30 Mandate, für Partei B 23, für C 12 und für D 5 Mandate; die Summe wäre 70, also um eins niedriger als festgelegt. Folglich muss der Divisor so geändert werden, dass sich etwas größere Werte ergeben; mithin brauchen wir einen etwas kleineren Divisor. Wir probieren es mit Divisor 11200:

$$\text{Partei A:} \qquad \frac{336000\,\text{Stimmen}}{11200\,\text{Stimmen pro Sitz}} \approx 30{,}0\,\text{Sitze}$$

$$\text{Partei B:} \qquad \frac{264000\,\text{Stimmen}}{11200\,\text{Stimmen pro Sitz}} \approx 23{,}6\,\text{Sitze}$$

$$\text{Partei C:} \qquad \frac{139000\,\text{Stimmen}}{11200\,\text{Stimmen pro Sitz}} \approx 12{,}4\,\text{Sitze}$$

$$\text{Partei D:} \qquad \frac{61000\,\text{Stimmen}}{11200\,\text{Stimmen pro Sitz}} \approx 5{,}4\,\text{Sitze}$$

Die standardgerundeten Zahlen (A 30, B 24, C 12, D 5) ergeben die vorgegebene Summe 71, so dass die Verteilung damit gefunden ist. Da sich die Sitzansprüche hier durch Division der Stimmenzahlen durch die Zahl 11200 ergeben haben, erhält hier jede Partei zunächst für jeweils 11200 Stimmen einen Sitz; die Standardrundung bewirkt, dass es für die (über ein ganzzahliges Vielfaches von 11200 hinausgehenden) Reststimmen noch einen weiteren Sitz gibt, wenn die Anzahl dieser Reststimmen mindestens die Hälfte des „Solls" von 11200, also mindestens 5600, beträgt. Das Ergebnis ist im vorliegenden Fall das gleiche wie beim Hare-Verfahren (siehe Seite 58). Das ist sehr oft, aber keineswegs immer so; uns werden noch Fälle begegnen, bei denen erhebliche Differenzen zwischen den Ergebnissen bei den beiden Systemen bestehen.

Für interessierte Leser ist im mathematischen Anhang (Abschnitt M2) ein Nachweis zu finden, dass es beim Divisorverfahren mit Standardrundung mit zwei verschiedenen Divisoren, die beide zum Ziel führen, sich also bei beiden eine Zuteilung mit der festgelegten Gesamtzahl an Sitzen ergibt, niemals zu unterschiedlichen Resultaten kommen kann.

Das Zuteilungssystem von Sainte-Laguë wird heute von vielen Wahlrechtsexperten propagiert. Als Begründung wird aufgeführt, das System verhalte sich neutral bezüglich der Parteistärken – weder bevorzuge noch benachteilige es also die stärkeren Parteien[14] – ohne dass das Wählerzuwachs- oder das Mandatszuwachsparadoxon auftreten kann (warum dies ausgeschlossen ist, zeigt sich im folgenden Abschnitt). Darüber hinaus wird geltend gemacht, dass die Erfolgswerte[15] der Stimmen für die einzelnen Parteien bei Sainte-Laguë die geringste sogenannte Standardabweichung[16] aufweisen.

Seit 1980 werden nach dem Verfahren in Deutschland die Ausschusssitze im Bundestag verteilt[17], seit 2009 erfolgt so auch bei Bundestagswahlen die Ermittlung der Mandatszahlen, die den Parteien nach Zweitstimmen zustehen. Wie zuvor schon beim Hare/Niemeyer-System kommt in Deutschland auch beim Sainte-Laguë-Verfahren eine Zusatzklausel zur Anwendung, wenn eine Partei zwar die (absolute) Mehrheit der Stimmen gewinnt, dies aber nicht zu einer Parlaments- (bzw. Ausschuss)mehrheit führen würde: In diesem Fall wird die Zahl der Sitze für diese Partei und damit auch die Gesamtzahl der zu verge-

---

[14] Auch hier gilt allerdings das, was hinsichtlich Begünstigung und Benachteiligung zum Vergleich zwischen Hare- und d'Hondt-System festgestellt wurde (Seiten 72f.). Logischerweise kann erst dann Bevorteilung oder Benachteiligung durch eine Methode als nachgewiesen gelten, wenn ein Denkfehler in der Systembegründung gefunden wird. Andernfalls kann nur gesagt werden, dass ein Verfahren günstiger oder weniger günstig für große oder kleine Parteien ist als ein anderes.

[15] Der Erfolgswert einer Stimme gibt an, welchen Bruchteil eines Sitzes diese Stimme ausmacht. Das ist das Verhältnis aus der Zahl der Sitze der betreffenden Partei zu deren Stimmenzahl.

[16] Die Standardabweichung ist ein in der mathematischen Statistik vielfach verwendetes Streumaß. Sie ist definiert als die Quadratwurzel aus der Summe aller Quadrate der Abweichungen vom Mittelwert.

[17] Dies wurde auf Vorschlag des Physikers und Bundestagsverwaltungsmitarbeiters Hans Schepers (*1928) beschlossen, weswegen das Verfahren hierzulande auch Sainte-Laguë/Schepers-Verfahren genannt wird.

benden Sitze so erhöht, dass die Partei mit Stimmenmehrheit auch über die Mandatemehrheit verfügt. Damit wird natürlich wie mit der Niemeyer-Klausel beim Hare-System vom Verhältniswahlprinzip abgewichen (vgl. Seiten 67f.). Bei Bundestags- und Landtagswahlen in Deutschland spielt diese Abweichung derzeit kaum eine Rolle, da absolute Mehrheiten unwahrscheinlich geworden sind. Bei Kommunalwahlen kommt sie aber mitunter zum Tragen. Die damit verbundene Einschränkung der Erfolgswertgleichheit von Wählerstimmen hält sich natürlich in engen Grenzen und wird wohl deshalb trotz fehlender plausibler Begründung für die Spezialregelung kaum kritisiert.

Denkbar ist auch eine Wahlgesetzgebung, nach der *vorab* eine Stimmenzahl festgelegt wird, für die jeweils ein Mandat vergeben wird. Ist weiterhin bestimmt, dass es für Reststimmen einen zusätzlichen Sitz gibt, wenn deren Anzahl mindestens die Hälfte der vorher festgelegten Stimmenzahl beträgt, so entspricht die Mandatsverteilung derjenigen von Sainte-Laguë – nur hängt hier die Gesamtzahl der Abgeordneten vom Wahlergebnis und vor allem von der Wahlbeteiligung ab. Eine solche Regelung gab es in der Weimarer Republik für die Reichstagswahlen. Für volle 60000 Stimmen sowie bei mindestens 30000 Reststimmen wurde damals jeweils ein Mandat zugeteilt. Einen solchen Weg bezeichnet man als *automatische Methode des Sainte-Laguë-Systems.*

Wenn bei sonst gleicher Regelung die Reststimmen unberücksichtigt bleiben, hat man die *automatische Methode des d'Hondt-Systems.* Wäre die Gesamtzahl der Abgeordneten, die sich dabei ergibt, vorab festgelegt worden, so hätte sich nämlich die gleiche Verteilung auf die einzelnen Parteien nach d'Hondt ergeben. Ein Vergleich der Automatikvariante mit folgender Situation lässt vielleicht die Verfechter des d'Hondt-Verfahrens besser verstehen:

Ein Süßwarengeschäft, in dem nur Barkauf möglich ist, bietet Schokolade zum Preis von 1 € pro Tafel an. Frau Meier und Frau Müller wollen einen kleinen Schokoladevorrat anlegen und mehrere Tafeln erwerben. Frau Meier hat im Portemonnaie noch 9,30 € und kauft neun Tafeln. Frau Müller hat nach einer ausgedehnten Einkaufstour nur noch 1,80 € greifbar und kann daher nur eine Tafel kaufen. Obwohl also Frau Meier nur über etwas mehr als das Fünffache an Bargeld im Vergleich zu Frau Müller verfügt, bekommt sie die neunfache Schokoladenmenge. Niemand käme auf die Idee zu behaupten, hier würde eine Begünstigung der Dame mit mehr Bargeld vorliegen und es wäre ungerecht, dass die 80 ct, die bei Frau Müller nach dem Kauf übrig bleiben, ihr in der gegebenen Situation nichts nützen. Wie man beim d'hondtschen System für ein Mandat ein volles für das Mandat erforderliches Stimmenpaket vorweisen muss, muss hier für jede Tafel Schokolade der volle Preis von 1 € zur Verfügung stehen. Würde der Verkauf analog zum Sainte-Laguë-Verfahren erfolgen, bekäme Frau Müller zwei Tafeln Schokolade, für die sie dann nur 1,50 € bezahlen müsste.

Auch Sainte-Laguë geht als Höchstzahlverfahren

Wie bei d'Hondt gibt es auch bei Sainte-Laguë eine Reihe von äquivalenten Algorithmen, also verschiedene Rechenmethoden, die zum gleichen Ergebnis führen. Einer dieser Rechenwege ist die vom d'Hondt-System bekannte Höchstzahlmethode, die sich hier von d'Hondt nur dadurch unterscheidet, dass die Stimmenzahlen nicht durch die natürlichen Zahlen 1-2-3-4-…, sondern durch 0,5-1,5-2,5-3,5… geteilt werden. Beim schon mehrmals verwendeten Beispiel von Seite 69 funktioniert das Verfahren also folgendermaßen:

Anzahl Sitze: 15   abgegebene gültige Stimmen: 9000

Partei	A	B	C	zusammen
Stimmenzahl (SZ)	4300	3100	1600	9000
SZ : 0,5	**8600**	**6200**	**3200**	
SZ : 1,5	**2867**	**2067**	**1067**	
SZ : 2,5	**1720**	**1240**	640	
SZ : 3,5	**1229**	886	457	
SZ : 4,5	**956**	689		
SZ : 5,5	**782**	564		

SZ : 6,5	**662**			
SZ : 7,5	573			
Anzahl Sitze	**7**	**5**	**3**	**15**

Dass das so gefundene Resultat nicht nur in diesem Beispiel, sondern immer mit dem Ergebnis beim Divisorverfahren mit Standardrundung übereinstimmt, wird im mathematischen Anhang nachgewiesen (Abschnitt M2).

Aus der Möglichkeit, die Sainte-Laguë-Verteilung im Höchstzahlverfahren zu ermitteln, ergibt sich sofort die im vorigen Abschnitt aufgestellte Behauptung, dass die beim Hare-Verfahren auftretenden Paradoxa - – Mandatszuwachs- und Wählerzuwachsparadoxon – bei der Berechnung nach Sainte-Laguë ausgeschlossen sind: Keiner der Quotienten ändert sich ja bei Aufstockung der Gesamtzahl an Mandaten, und der Stimmenzuwachs einer Partei ändert keinen Quotienten bei den anderen Parteien, so dass zwischen diesen keine Mandatsverschiebungen auftreten können.

Auch bei Sainte-Laguë: Zur schon aufgerundeten Mandatezahl können noch Extrasitze kommen

Die bisher erkannten Eigenschaften des Sainte-Laguë-Verfahrens lassen den Eindruck aufkommen, das System erfülle alle Wünsche, die sich aus dem Verhältniswahlprinzip ableiten lassen. Doch stellt sich auch hier wieder heraus, dass zunächst unverständliche Resultate keineswegs ausgeschlossen sind. So kann es wie bei d'Hondt auch bei Sainte-Laguë passieren, dass die einer Partei zugeteilte Anzahl an Sitzen über den aufgerundeten exakten Anspruch noch hinausgeht. Mit dem folgenden Beispiel liegt ein solcher kurios erscheinender Fall vor (Berechnungen hier nach der Höchstzahlmethode).

Anzahl Sitze: 17   abgegebene gültige Stimmen: 6500

Partei	A	B	C	D	E	F	zusammen
Stimmen-zahl (SZ)	4000	510	505	500	495	490	6500
prozentua-ler Anteil	61,5%	7,8%	7,8%	7,7%	7,6%	7,5%	100%
exakter Anspruch	10,46	1,33	1,32	1,31	1,29	1,28	17
SZ : 0,5	**8000**	**1020**	**1010**	**1000**	**990**	**980**	
SZ : 1,5	**5333**	340	337	333	330	327	
SZ : 2,5	**1600**	204	202	200	198	196	
SZ : 3,5	**1143**						
SZ : 4,5	**889**						
...	...						
SZ : 11,5	**348**						
SZ : 12,5	320						
Anzahl Sitze	**12**	1	1	1	1	1	17

Von den 17 höchsten Quotienten (fett gedruckt) in der Tabelle befinden sich zwölf in der Spalte A, in den übrigen Spalten jeweils nur einer. Demnach erhält Partei A nach Sainte-Laguë zwölf Mandate zugeteilt bei einem exakten Sitzanspruch von nur 10,46 (alle übrigen Parteien bekommen jeweils einen Sitz). Die obere Quotenbedingung wird also nicht nur bei d'Hondt, sondern auch bei Sainte-Laguë verletzt. Die Überschreitung der durch die Quotenbedingung gesetzten oberen Grenze kann sogar mehrere Mandate ausmachen.

Die schon abgerundete Mandatezahl wird manchmal noch reduziert

Schauen wir uns die obige Tabelle nochmals an und betrachten den Fall, dass fünf weitere Sitze (also insgesamt 22 statt 17) zu verteilen sind. Nach den 17 schon berücksichtigten (fett gedruckten) Höchstzahlen liegen die fünf dann folgenden in den Spalten B, C, D, E, F. Partei A bekommt bei insgesamt 22 Sitzen somit nicht mehr als bei deren 17, nämlich wiederum 12 Sitze. Der exakte Anspruch von Partei A hat sich dagegen erhöht auf:

61,5% von 22 Sitzen = 13,5 Sitze

Partei A erhält nach Sainte-Laguë hier also weniger als den von 13,5 auf 13 schon abgerundeten Anspruch, nämlich nur 12 Sitze. Wir müssen also konstatieren: Das Zuteilungsverfahren von Sainte-Laguë kann nicht nur die obere Quotenbedingung verletzen, sondern (im Gegensatz zum d'hondtschen Verfahren) auch die untere!

Sind bei dem Wahlergebnis im hier betrachteten Beispiel nur neun Sitze zu vergeben, so erhält Partei A nach Sainte-Laguë, wie ein Blick auf die Höchstquotienten zeigt, nur vier von den neun Mandaten bei einem exakten Anspruch von 5,54 Sitzen. Trotz eines Stimmenanteils von 61,5% verfehlt Partei A also die absolute Mehrheit im Gremium. Falls diese Konsequenz durch die Zusatzklausel, wie sie auch bei Bundestagswahlen gilt (siehe Seite 83) ausgeschlossen wird, bekommt A zwei zusätzliche Mandate, womit das Gremium von den vorgesehenen neun auf elf Mitglieder aufgestockt wird. Erst jetzt hat Partei A mit sechs von elf Mitgliedern eine Mehrheit.

Auch bei Bundestagswahlen: Verletzung der Quotenbedingungen nicht unrealistisch

Das Beispiel eines Wahlergebnisses, bei dem sich für bestimmte Gesamtzahlen an Sitzen die obere oder auch die untere Quotenbedingung als verletzt erwiesen hat, ist natürlich sehr ungewöhnlich: Eine Partei hat eine deutliche absolute Mehrheit, während alle anderen Parteien unter 10% liegen. Solche Wahlergebnisse sind bei Bundestags- und Landtagswahlen völlig undenkbar und kommen auch bei Kommunalwahlen selten vor. Es könnte nun die Vermutung aufkommen, ein so geartetes, wenig realistisches Wahlergebnis sei eine zwingende Voraussetzung für die seltsamen Effekte. Tatsächlich ist auch unter Wahlrechtskundigen die Meinung verbreitet, bei einer Bundestagswahl sei die Verletzung einer Quotenbedingung praktisch unmöglich.

Diese Auffassung ist aber unzutreffend. Die Wahrscheinlichkeit einer Über- bzw. Unterschreitung der durch die Quotenbedingungen gegebenen Grenzen hängt vor allem von der Anzahl der Parteien ab, die ins Parlament einziehen; je mehr Parteien es sind, desto leichter sind Abweichungen von den Quotenbedingungen möglich. In den letzten Jahren gab es mehrfach Umfrageergebnisse, nach denen bei sieben Parteien ein Einzug in den Bundestag im Bereich des Möglichen lag: Regelmäßig natürlich bei CDU, CSU, SPD, Die Linke und Bündnis 90/Grüne sowie derzeit (Mai 2016) bei AfD und FDP. Beim nachfolgend aufgeführten, zwar fiktiven, aber in der Größenordnung von Umfrageergebnissen (von 2015) liegenden, also nicht unrealistischen Wahlergebnis ist zum Beispiel die obere Quotenbedingung verletzt.[18]

Anzahl Sitze: 598   abgegebene Zweitstimmen: 43530000
                          ohne „Sonstige": 42030000

Partei	CDU	CSU	SPD	Linke	B90/ Grüne	AfD	FDP	Sonst.	zus.
Stimmenzahl (SZ) in Tausend	13756	2974	11724	4234	4164	2904	2274	1500	43530
prozentualer Anteil	31,6%	6,8%	26,9%	9,7%	9,6%	6,7%	5,2%	3,4%	100%
prozentualer Anteil ohne „Sonstige"	32,7%	7,1%	27,9%	10,1%	9,9%	6,9%	5,4%	–	100%
exakter Anspruch	195,7	42,3	166,8	60,2	59,2	41,3	32,4	–	598

---

[18] Bei der Berechnung der Mandatezahlen ist dabei die für den Bundestag vorgesehene Gesamtzahl von 598 Abgeordneten zugrunde gelegt; wenn es die noch zu besprechenden Überhang- und Ausgleichsmandate gibt, ist diese Zahl höher, was aber nichts an der hier gezeigten Möglichkeit ändert, dass die obere Quotenbedingung nicht erfüllt ist.

Anzahl Sitze nach Hare	196	42	167	60	59	41	33	–	598
SZ : 70000[19]	196,51	42,49	167,49	60,49	59,49	41,49	32,49	–	
Anzahl Sitze nach Sainte-Laguë	197	42	167	60	59	41	32	–	598
SZ : 69800[20]	197,1	42,6	167,97	60,7	59,7	41,6	32,6	–	
Anzahl Sitze nach d'Hondt	197	42	167	60	59	41	32		598

Die CDU hätte bei diesem Wahlergebnis also einen exakten Anspruch von 195,7 Sitzen, käme aber nach Sainte-Laguë auf 197 Abgeordnete, womit die obere Quotenbedingung nicht eingehalten ist. Nach d'Hondt wäre die Überschreitung ebenfalls eingetreten, während nach dem System von Hare die CDU 196 Sitze bekommen würde und die Quotenbedingungen (wie immer bei Hare) erfüllt wären.

Verletzung der Quotenbedingungen – ein Systemfehler bei Sainte-Laguë?

Bei näherer Betrachtung des Phänomens, dass beim d'hondtschen System die durch die obere Quotenbedingung gesetzte Grenze für die Anzahl der Sitze einer Partei überschritten werden kann, wurde klar, dass damit durchaus kein Widerspruch zum Prinzip der Verhältniswahl vorliegt: Die prozentuale Aufstockung für die begünstigt erscheinende

---

[19] Die Laguë-Sitzberechnung ist hier natürlich nicht nach dem Höchstzahl-Algorithmus vorgenommen (der Aufwand wäre bei insgesamt 598 Sitzen sehr hoch), sondern nach der Divisormethode mit Standardrundung, wobei sich zeigt, dass man z.B. mit dem Divisor 70000 das Ergebnis findet.

[20] Bei der Berechnung der d'Hondt-Verteilung nach dem Divisorverfahren mit Abrundung erweist sich (z.B.) der Divisor 69800 als geeignet.

Partei bleibt ja trotz Überschreitung der Idealgrenze noch unterhalb der prozentualen Anhebung der Mandatezahl, die sich bei jeder anderen Partei mit einem weiteren Sitz ergeben würde. Ebenso lässt sich bei der Sitzzuteilung nach Sainte-Laguë die Verletzung der oberen Quotenbedingung rechtfertigen: Relativ betrachtet, liegt auch hier die Anhebung der Abgeordnetenzahl niedriger als es dann nach dem Hare-System bei einer anderen Partei der Fall ist. Ähnlich liegen die Dinge bei einer nach Sainte-Laguë ja auch möglichen Unterschreitung des durch die Quotenbedingungen gesteckten Idealrahmens. Wir sehen uns dazu das Beispiel einer Verletzung der unteren Quotenbedingung von Seite 87f. etwas genauer an. Die Tabelle hierzu auf der nächsten Seite enthält neben den Sitzzuteilungen nach Sainte-Laguë auch die nach Hare sowie auch die Berechnung nach d'Hondt; außerdem sind für jedes der drei Systeme die prozentualen Abweichungen der vergebenen Sitzanzahlen von den exakten Ansprüchen aufgelistet.

Wir stellen fest: Mit der Unterschreitung der Untergrenze des Idealrahmens bei Partei A durch Sainte-Laguë bleibt die Sitzzuweisung für Partei A nur 11,3% unter deren exaktem Anspruch. Demgegenüber wird beim Hare-System, bei dem beide Quotenbedingungen erfüllt sind, der exakte Anspruch von Partei F um 66% gekürzt; nach d'Hondt sind sogar drei Parteien (D, E und F) von Abstrichen in dieser Größenordnung betroffen, bei Partei D sind es sogar 69%!

Nebenbei konstatieren wir, dass im vorliegenden Fall, in dem nach Sainte-Laguë die Grenze des Idealrahmens unterschritten wird, nach d'Hondt genau die entgegengesetzte Abweichung vorliegt: die obere Grenze wird überschritten. Dass Ersteres bei Betrachtung der relativen Abweichungen kein wirkliches Problem ist, konnten wir jetzt sehen. Aber auch die d'hondtsche Überschreitung ist an sich nicht problematisch: Sie beträgt ja nur 10,9% für Partei A, während bei den anderen Verfahren Überschreitungen von 19% (Partei E bei Hare) bzw. sogar 20,5% (Partei F bei Sainte-Laguë) auftreten. Das Problem bei der Berechnung nach d'Hondt liegt vielmehr bei den erheblichen relativen Abweichungen nach unten.

Die maximalen relativen Abweichungen von den exakten Sitzansprüchen haben bei Sainte-Laguë bei weitem nicht die Ausmaße wie bei den anderen Systemen. Das gilt nicht nur für das hier betrachtete Beispiel und ist ein wesentlicher Grund für die verbreitete und zunehmende Favorisierung dieses Verfahrens.

Anzahl Sitze: 22   abgegebene gültige Stimmen: 6500

Partei	A	B	C	D	E	F	zu-sam-men
Stimmenzahl (SZ)	4000	510	505	500	495	490	6500
prozentualer Anteil	61,5%	7,8%	7,8%	7,7%	7,6%	7,5%	100%
exakter Anspruch	13.53	1,73	1,71	1,69	1,68	1,66	22
Sitze nach Hare	13	2	2	2	2	1	22
+/– % gegenüber exaktem Anspruch bei Hare-Zuteilung	–4,1 %	+15,6 %	+17,0 %	+18,3 %	+19,0 %	–66,0 %	
Sitze nach St.-Laguë[21]	12	2	2	2	2	2	22
+/– % gegenüber exaktem Anspruch bei St.-Laguë-Zuteilung	–11,3 %	+15,6 %	+17,0 %	+18,3 %	+19,0 %	+20,5 %	
SZ : 1	4000	510	505	500	495	490	
SZ : 2	2000	255	253	250	248	245	
...	...						
SZ : 14	285						
SZ : 15	267						
SZ : 16	250						
Sitze nach d'Hondt	15	2	2	1	1	1	22
+/– % gegenüber exaktem Anspruch bei d'H.-Zuteilung	+10,9 %	+15,6 %	+17,0 %	–69,0 %	–68,0 %	–66,0 %	

---

[21] siehe die Höchstzahlen in der Tabelle auf Seite 87

Adams & Co: Weitere Divisorverfahren

Wie wir gesehen haben, lassen sich bei den Zuteilungsvefahren nach d'Hondt und nach Sainte-Laguë die Mandatezahlen u.a. durch eine Rechenmethode ermitteln, bei der die Stimmenzahlen durch einen geeigneten (bei den beiden Verfahren in der Regel verschiedenen) Divisor geteilt werden. Die Systeme unterscheiden sich nur dadurch, dass im einen Fall die Ergebnisse der Division grundsätzlich abgerundet (d'Hondt), im anderen Fall standardgerundet werden (Sainte-Laguë). Da in beiden Fällen der dominierende Arbeitsschritt in der Suche nach einem geeigneten Divisor liegt (mit dem man nach den jeweiligen Rundungen auf die vorgegebene Gesamtzahl an Sitzen kommt), werden diese Systeme als *Divisorverfahren* bezeichnet. Nun gibt es für die Festsetzung der Rundungsregel, nach der sich aus den Quotienten die Mandatezahlen ergeben, viele weitere Möglichkeiten und dementsprechend neben d'Hondt und Sainte-Laguë eine Reihe weiterer Divisorverfahren. So ist beim *Adams-Verfahren*[22] festgelegt, dass die Divisionswerte stets *aufgerundet* werden. Das hat zur Folge, dass es neben den Mandaten für volle „Stimmenpakete" (mit dem sich als geeignet erwiesenen Divisor als Stimmenzahl) bereits bei einer einzigen Reststimme ein Mandat gibt (bei Sainte-Laguë nur, wenn die Reststimmen mindestens ein halbes Stimmenpaket bilden, bei d'Hondt grundsätzlich kein Mandat für Reststimmen), was sich zum Vorteil kleinerer Parteien auswirkt. Verfahren mit anderen festen Rundungsgrenzen (z.B. Aufrundung ab 0,3) spielen nur bei theoretischen Untersuchungen eine Rolle. Eine Variante mit einer variablen Rundungsgrenze kommt dagegen bei der Verteilung der Mandate des US-amerikanischen Repräsentantenhauses auf die einzelnen Bundesstaaten zur Anwendung: Hier wird jeweils ab dem geometrischen

---

[22] John Quincy Adams (1767-1848), US-amerikanischer Politiker
Das Adams-Verfahren wird in Frankreich zur Verteilung der Sitze in der National-versammlung auf die einzelnen Departements nach den Bevölkerungszahlen ange-wandt, wobei zusätzlich bestimmt ist, dass jedem Departement mindestens zwei Sit-ze zugeteilt werden.

Mittel der benachbarten ganzen Zahlen aufgerundet (*Hill-Huntington-Verfahren*[23]). Gemeinsam ist allen Divisorverfahren: Mindestens eine der beiden Quotenbedingungen ist verletzt, während weder das Wählerzuwachs- noch das Mandatszuwachsparadoxon auftreten kann.

Balinski und Young: Sitzzuteilung bei Verhältniswahl immer paradox

Nachdem wir erkennen mussten, dass beim Sitzzuweisungssystem nach Hare die Monotoniebedingungen nicht erfüllt sind und bei allen Divisorverfahren mindestens eine Quotenbedingung verletzt ist, stellt sich die Frage, ob es überhaupt irgend einen Weg zur Mandateverteilung gibt – vielleicht eine Kombinationsform der bekannten Verfahren oder auch eine ganz andersartige Methode – der allen Vorstellungen gerecht wird, die man mit dem Prinzip der Verhältniswahl assoziiert. Vor Klärung dieser Existenzfrage müssen natürlich die Eigenschaften benannt sein, die ein solches „Idealsystem" aufweisen soll. Wir stellen hierzu eine kleine Wunschliste zusammen:

1. Jede Partei bekommt mindestens so viele Sitze wie jede andere Partei mit einer geringeren Stimmenzahl.
2. Bedingung der Stimmenmonotonie: Mehr Stimmen für eine Partei führen niemals zur Verschiebung eines Sitzes zwischen zwei anderen Parteien. (Daraus folgt dann, dass auch nicht weniger Stimmen für eine Partei zu Verschiebungen bei den anderen Parteien führen können.)
3. Bedingung der Hausmonotonie: Eine Erhöhung der Gesamtzahl an Mandaten führt niemals zu weniger Sitzen einer Partei.
4. Obere Quotenbedingung: Die Anzahl der Sitze einer Partei ist stets höchstens gleich dem zur nächstgrößeren ganzen Zahl aufgerundeten exakten Sitzanspruch.

---

[23] Joseph A. Hill (1863-1938), US-amerikanischer Statistiker
Edward V. Huntington (1874-1952), US-amerikanischer Mathematiker und Physiker

---

5. Untere Quotenbedingung: Die Anzahl der Sitze einer Partei ist stets mindestens gleich dem zur nächstkleineren ganzen Zahl abgerundeten exakten Sitzanspruch.

Die erste Bedingung wird selbstverständlich von allen besprochenen Zuteilungssystemen erfüllt, die Bedingungen 2 und 3 hingegen nur von den Divisorverfahren (d'Hondt und Sainte-Laguë), die Bedingungen 4 und 5 beide vom Hare-System, nur Nr. 5 von d'Hondt, keine der beiden von Sainte-Laguë. Aufschluss darüber, ob sich eine Methode konstruieren lässt, die allen Forderungen des Wunschkatalogs Rechnung trägt, wird uns die Beschäftigung mit folgendem Fall geben:

Anzahl Sitze: 20   abgegebene gültige Stimmen: 19000

Partei	A	B	C	D	E	F	zus.
Stimmenzahl	13100	1310	1290	1150	1100	1050	19000
prozentualer Anteil	68,9%	6,9%	6,8%	6,1%	5,8%	5,5%	100%
exakter Sitzanspruch	13,79	1,38	1,36	1,21	1,16	1,11	20

Ein Verfahren, das alle oben aufgelisteten Wünsche erfüllt, weist wegen der Bedingungen 4 und 5 Partei A entweder 13 oder 14 Sitze zu, allen anderen Parteien mindestens einen und höchstens zwei Sitze. Damit die Summe 20 erreicht wird, müssen mindestens einer der Parteien B, C, D, E, F zwei Sitze und es kann mindestens drei Parteien jeweils nur ein Mandat zugeteilt werden. Wegen der ersten Bedingung bekommt also B zwei Sitze und bekommen D, E, F je einen Sitz. Es gibt somit nur zwei Verteilungsmöglichkeiten I und II:

Partei	A	B	C	D	E	F	zus.
Anz. Sitze bei Verteilung I	13	2	2	1	1	1	20
Anz. Sitze bei Verteilung II	14	2	1	1	1	1	20

Betrachten wir zunächst Verteilung I. Bei einer Neuauszählung der Stimmen werde festgestellt, dass die Parteien D, E und F jeweils 100

Stimmen weniger bekommen haben (keine Veränderungen bei den übrigen Parteien) und damit insgesamt nur 18700 Stimmen abgegeben wurden. Dann ergibt die Neuberechnung der exakten Sitzansprüche:

Partei	A	B	C	D	E	F	zus.
Stimmenzahl	13100	1310	1290	1050	1000	950	18700
prozentualer Anteil	70,1%	7,0%	6,9%	5,6%	5,3%	5,1%	100%
exakter Sitzanspruch	14,01	1,40	1,38	1,12	1,07	1,02	20

Partei A bekommt also jetzt (mindestens) 14 Sitze, was nur auf Kosten von Partei C gehen kann. (Sollte A sogar 15 Sitze erhalten, so müsste zusätzlich noch B ein Sitz weggenommen werden.) Während sich für die Parteien, die jetzt weniger Stimmen haben, gar nichts ändert, gibt es also eine Mandatsverschiebung zwischen (mindestens) zwei übrigen Parteien. Damit ist Bedingung 2 (Stimmenmonotonie) verletzt. (Dass hier bei drei Parteien eine Stimmenzahländerung vorliegt, während in Bedingung 2 nur von einer die Rede ist, ändert daran nichts: Man kann die Änderungen ja in drei Schritten für jeweils eine Partei betrachten; beim dritten Schritt erfolgt dann die Mandatsverschiebung, welche die Forderung der Stimmenmonotonie verbietet.) Die oben angegebene Verteilung I kann sich bei einem „Idealsystem" demnach nicht ergeben.

Bleibt noch die Verteilung II mit 14 Sitzen für A und einem Sitz für C. Wir betrachten wieder das Ergebnis einer neuen Stimmenauszählung, wobei für alle Parteien außer für A und C Änderungen festgestellt werden:

Partei	A	B	C	D	E	F	zus.
Stimmenzahl	13100	1960	1290	1280	1280	1280	20190
prozentualer Anteil	64,9%	9,7%	6,4%	6,3%	6,3%	6,3%	100%
exakter Sitzanspruch	12,98	1,94	1,28	1,27	1,27	1,27	20

Die obere Quotenbedingung lässt jetzt für A maximal 13 Sitze zu. Damit hat A gegenüber der untersuchten Verteilung II einen Sitz verloren, dieser kann nur an C gehen (denn B darf nicht mehr als die schon zwei vorhandenen Sitze bekommen und C hat mehr Stimmen als D, E, F, die alle wie C schon einen Sitz hatten). Änderungen bei der Anzahl von Sitzen haben sich damit wieder nur bei Parteien ergeben, deren Stimmenzahlen unverändert geblieben sind.

(Denkbar wären auch nur 12 Sitze von A, womit außer C auch noch eine der Parteien D, E, F und damit eine der stärker gewordenen Parteien einen Sitz gewänne. Den würde aber diese Partei in einem weiteren Schritt mit Stimmenzuwachs von B wieder an A verlieren, so dass dann die Mandatsverschiebung zwischen zwei Parteien ohne Stimmenzahländerung eintreten würde.)

Damit ist auch bei Annahme von Verteilung II die Stimmenmonotonie verletzt, so dass feststeht: Es kann kein Sitzzuteilungssystem geben, das alle oben aufgeführten Wunscheigenschaften aufweist. Diese vielleicht enttäuschende Tatsache ist bekannt als der *Satz von Balinski und Young*[24]. Da in obiger Beweisführung Bedingung 3 (Hausmonotonie) nicht einmal verwendet wurde, kann der Satz auch so formuliert werden:

Es kann kein Sitzzuteilungsverfahren geben, das gleichzeitig die obere und die untere Quotenbedingung sowie die Bedingung der Stimmenmonotonie erfüllt.

---

[24] Michel L. Balinski (*1933), französischer Mathematiker
H. Peyton Young (*1945), US-amerikanischer Mathematiker
Balinski und Young veröffentlichten 1982 den Beweis des nach ihnen benannten Unmöglichkeitssatzes.

Sperrklauseln: Auch sie nicht immer ohne paradoxe Folgen

Bei dem in Deutschland geltenden Wahlrecht, das wir noch eingehend beleuchten werden, ist der Proporzgrundsatz stärker gewahrt als in den weitaus meisten anderen Demokratien und insbesondere stärker als in allen größeren Staaten. Doch wird auch hierzulande mit mehreren Sonderregelungen bei Parlamentswahlen vom strikten Verhältniswahlprinzip abgewichen. Eine dieser Bestimmungen kennen wir bereits: Die Zusatzklausel bei Hare/Niemeyer und entsprechend auch bei Sainte-Laguë für den Fall, dass eine Partei eine absolute Stimmenmehrheit erreicht hat, aber nicht auf eine absolute Mehrheit im Parlament kommt.

Weitaus bekannter und auch gravierender ist eine andere Abweichung vom Verhältniswahlprinzip: die Festlegung von *Sperrklauseln*, nach denen eine Partei nur dann an der Sitzzuteilung teilnimmt, wenn sie einen Mindestwähleranteil (meistens 5%) erreicht. Der Erfolgswert von Stimmen für Parteien, die eine Zustimmung von weniger als 5% erreichen, liegt damit bei null, so dass eine deutliche Verletzung der grundsätzlich verlangten Erfolgswertgleichheit vorliegt. Gleichwohl wird bei den hierzulande gegebenen Bedingungen eine Sperrklausel bei Bundes- und Landtagswahlen akzeptiert und gilt nach vorherrschender Meinung auch als verfassungsrechtlich unbedenklich.[25] Gerechtfertigt werden Sperrklauseln damit, dass sonst die Gefahr einer Zersplitterung des Parlaments bestehe mit der Folge, dass die Bildung einer stabilen Regierung erheblich erschwert werden könnte. Für Kommunalwahlen hingegen wurde die Notwendigkeit von Sperrklauseln in mehreren Bundesländern von den Landesverfassungsgerichten als nicht gegeben beurteilt, so dass die Sperrklauseln in diesen Ländern als verfassungswidrig erklärt und inzwischen in allen Bundeslän-

---

[25] Bei anderen Bedingungen, z.B. bei einer stark zersplitterten Parteienlandschaft mit vielen Parteien unter 5% und nur einer knapp darüber, die damit 100% der Sitze einnehmen würde, wäre die Klausel natürlich nicht akzeptabel.

dern abgeschafft wurden. Damit kann sich in Deutschland auch nicht mehr das *Sperrklauselparadoxon* realisieren, das nur bei nicht zu hohen Mandatszahlen (und deshalb nicht bei Landtags- und Bundestagswahlen) nebst Anwendung des Zuteilungssystems von Hare auftreten kann.

Das Paradoxon ist aber durchaus von theoretischem Interesse, weswegen wir es mit folgendem Beispiel vorstellen wollen.

Anzahl Sitze: 21 abgegebene gültige Stimmen: vorläufig 10000

Sperrklausel: 5%

Partei	A	B	C	D	zus.
vorläufige Stimmenzahl	4910	3008	1582	500	10000
vorläufiger prozentualer Anteil	49,10%	30,08%	15,82%	5,00%	100%
vorläufiger exakter Sitzanspruch	10,311	6,317	3,322	1,05	21
vorläufige Anzahl der Sitze nach Hare	10	6	4	1	21

Bei der endgültigen Stimmenzahlermittlung ergeben sich für die Parteien A, B und D keine Änderungen, für Partei C aber zehn Stimmen mehr. Damit liegt auch die Gesamtstimmenzahl mit jetzt 10010 über der bei der Erstauszählung ermittelten Summe, womit Partei D knapp unter 5% rutscht und somit nicht ins Vertretungsorgan einzieht. Das ist natürlich nicht paradox. Es wäre auch nicht überraschend, sollte als weitere Folge eine Mandatsverschiebung von Partei B nach Partei A zu verzeichnen sein – das wäre mit dem uns bekannten Wählerzuwachsparadoxon erklärlich (die Anzahl der zählenden Stimmen reduziert sich ja um die 500 D-Stimmen minus die hinzukommenden zehn C-Stimmen). Außerdem muss der Sitz, der ursprünglich Partei D zuzustehen schien, einer anderen Partei zufallen. Überhaupt nicht zu erwarten ist es aber, dass Partei C trotz ihrer erhöhten Stimmenzahl und trotz des damit zusätzlich an eine der Parteien A, B, C fallenden Sitzes jetzt ein

Mandat verliert. Genau das ist aber, wie die neue Berechnung der Sitz-verteilung zeigt, der Fall:

Partei	A	B	C	D	zusammen
endgültige Stim-menzahl	4910	3008	1592	500	mit D: 10010 ohne D: 9510
endgültiger pro-zentualer Anteil mit den Stimmen von D	49,05%	30,05%	15,90%	4,995%	100%
endgültiger pro-zentualer Anteil ohne die Stimmen von D	51,6%	31,6%	16,7%	–	100%
endgültiger exak-ter Sitzanspruch	10,8	6,6	3,5	–	21
endgültige Anzahl der Sitze nach Hare	11	7	3	–	21

Die zehn zusätzlichen Stimmen für Partei C (auch eine hätte übrigens für die seltsame Folge gereicht) führen also zum Verlust eines Sitzes für diese Partei. Mit diesem hier durch die Sperrklausel verursachten Effekt ist uns ein weiteres Beispiel für ein *negatives Stimmgewicht* begegnet: Die zusätzlichen Stimmen für C haben das Gegenteil des Willens derjenigen zur Konsequenz, die diese Stimmen abgegeben haben.

Selbstverständlich gibt es auch für das Zustandekommen des Sperr-klauselparadoxons eine Erklärung. Im Beispiel besteht sie darin, dass durch den Wegfall der Wertung der D-Stimmen der schon erklärte Effekt (Seiten 59f.) des Wählerzuwachsparadoxons (hier gewisserma-ßen umgekehrt als „Wählerrückgangsparadoxon") zur Verschiebung eines Mandats von der schwächeren Partei C zur stärkeren Partei A führt und gleichzeitig der Sitz von Partei D an B geht und nicht an Par-tei C, die zwar stärker wird, aber in so geringem Maße, dass der wegen der deutlich gesunkenen Gesamtzahl zählender Stimmen erhöhte prozentuale Anstieg bei Partei B nicht kompensiert wird.

Bei Landtagswahlen kommt eine knapp über der 5%-Hürde liegende Partei P nicht nur auf einen, sondern auf mehrere Sitze. Wenn unter solchen Gegebenheiten eine neue Stimmenauszählung Mehrstimmen für eine Partei Q und damit eine erhöhte Gesamtstimmenzahl ergibt, mit der P unter die 5%-Marke rutscht, so verteilt sich also eine größere Anzahl von Sitzen auf die übrigen Parteien. Dann ist es nahezu unmöglich, dass sich ein Sitz von Partei P an eine andere Partei verschiebt, ohne dass sich dieser Verlust durch Übernahme eines ursprünglichen Q-Mandats ausgleicht. Daher kann bei Landtagswahlen durch Sperrklauseln kaum ein negatives Stimmgewicht verursacht werden. Bei Bundestagswahlen ist es schon deshalb ausgeschlossen, weil die Mandatsverteilung nicht nach Hare, sondern nach Sainte-Laguë berechnet wird.

Die „Personalisierte Verhältniswahl" in Deutschland: Verhältniswahl plus eine Prise Personenwahl

In Deutschland werden Parlamentswahlen weit überwiegend als Veranstaltungen aufgefasst, bei denen in erster Linie *Parteien* gewählt und deren Stärken ermittelt werden. Demgegenüber wird dem Aspekt, dass *Personen* zur Wahl stehen, welche im Erfolgsfalle die Bevölkerung repräsentieren, nur nachrangige Bedeutung beigemessen. Daher hält eine sehr klare Bevölkerungsmehrheit ein Verhältniswahlrecht für angemessener als ein Mehrheitswahlrecht. Zumindest eine Eigenschaft des Mehrheitswahlrechts wird aber als vorteilhaft anerkannt, dass nämlich ein in einem Wahlkreis gewählter Abgeordneter in engerem Kontakt zur Wählerbasis steht. Um auf diesen Vorzug des Mehrheitswahlsystems trotz grundsätzlicher Entscheidung für die als gerechter empfundene Verhältniswahl nicht verzichten zu müssen und außerdem dem Wähler doch etwas Einflussmöglichkeit auf die (wenn auch als weniger wichtig erachtete) personelle Zusammensetzung der

Parlamente einzuräumen, hat man folgendes Konstrukt erdacht, das bei Bundestags- und in den meisten Ländern auch bei den Landtagswahlen zur Anwendung kommt: Die Hälfte[26] der Abgeordneten (in manchen Ländern auch ein anderer Anteil) wird durch Direktwahl in Wahlkreisen bestimmt, und zwar in jedem Wahlkreis ein Abgeordneter; gleichwohl ist nicht nur die andere Hälfte, sondern sind die Stärken der Parteien insgesamt das Ergebnis einer gleichzeitig stattfindenden Verhältniswahl. Es liegt hier nämlich keine Trennung der beiden Wahlteile vor, sondern die Sitze, die Vertreter einer Partei in der Direktwahl erringen, werden auf die von dieser Partei durch Verhältniswahl gewonnenen Sitze angerechnet. Die Stärkeverhältnisse zwischen den einzelnen Parteien sind also allein durch die mit der sogenannten Zweitstimme erfolgende Verhältniswahl bestimmt. Da aber gleichzeitig mit der Erststimme eine Personenwahl stattfindet und die so direkt Gewählten zwar nicht die Stärken, aber die personellen Zusammensetzungen der Fraktionen mitbestimmen, sprechen das Bundeswahlgesetz und einige Landeswahlgesetze von einer *mit der Personenwahl verbundenen Verhältniswahl.*

Bei der Direktwahl mit der Erststimme müssen natürlich die grundsätzlichen Probleme bei der Mehrheitswahl hingenommen werden: Es kann passieren, dass ein Bewerber, der gegenüber *jedem* Konkurrenten bevorzugt wird, nicht gewählt wird (siehe Seiten 27f.). Und da es nur einen Wahlgang gibt, der Wahlkreissieger meistens also nicht mit Mehrheit, sondern mit sogenannter relativer Mehrheit gewählt wird, kann es sogar sein, dass ein Kandidat gewählt wird, den eine absolute Wählermehrheit für den schlechtesten aller Bewerber hält.

Ebenso muss man sich bei der wichtigeren Komponente der Wahl, bei der per Zweitstimme erfolgenden Parteilistenwahl nach Verhältniswahlrecht, mit den Problemen abfinden, die beim jeweiligen Zuweisungsverfahren auftreten. Erfolgt wie bei den Bundestagswahlen die Sitzzuteilung nach Sainte-Laguë, so muss die Möglichkeit akzeptiert

---

[26] Abweichungen sind u.a. möglich durch Überhang- und durch Ausgleichsmandate; siehe hierzu die Seiten 110ff.

werden, dass sich Verletzungen der Quotenbedingungen ergeben; wird wie bei Wahlen zu einigen Landesparlamenten nach Hare zugeteilt, so muss man hinnehmen, dass sich das Wählerzuwachsparadoxon realisieren kann.

Alle diese unerwünschten Nebenfolgen bei den beiden Wahlkomponenten sind indes weniger gravierend als die Ungereimtheiten, die zusätzlich durch die eigenwillige Verklammerung der beiden entstehen. Diese sind Gegenstand der Betrachtungen in den nächsten Abschnitten.

Eine Stimme für einen Direktkandidaten ist eine Stimme gegen einen Listenkandidaten – aber gegen welchen, weiß man nicht

In den meisten Wahlkreisen gibt es nur zwei Kandidaten, die bei der Direktwahl Siegesaussichten haben. In diesem Fall haben die Erststimmen derjenigen Wähler, die für den erfolgreichen Bewerber gestimmt haben, für die personelle Besetzung des Bundestags[27] verschiedene mögliche Konsequenzen:

Fall 1: Es gibt keinerlei Auswirkungen. Dieser sehr oft auftretende Fall liegt vor, wenn der siegreiche Bewerber auch bei einer Niederlage im Wahlkreis aufgrund seines Platzes auf einer Landesliste in den Bundestag eingezogen wäre und der (einzige vorher als aussichtsreich eingeschätzte) Gegenkandidat als Listenkandidat ebenfalls ein Mandat gewinnt.

In diesem Fall konnte der Wähler mit seiner Erststimme (hinsichtlich der personellen Parlamentszusammensetzung) zwar zu keinem Ergebnis in seinem Sinne beitragen, aber seine Stimme hatte auch keine

---

[27] Die im Folgenden für Bundestagswahlen beschriebenen Folgen gelten in gleicher oder ähnlicher Weise auch bei personalisierter Verhältniswahl von Landtagen.

Folgen, die er mit dem Votum möglichst vermeiden wollte. Insofern ist die Situation weitgehend unproblematisch.

Fall 2: Es gibt keine Auswirkungen bei der Partei des erfolgreichen Kandidaten (wiederum, weil dieser auch über die Landesliste in den Bundestag gekommen wäre), wohl aber bei der Partei, für die der nicht aussichtslos gestartete, letztlich aber unterlegene Bewerber angetreten war: Jener kommt nicht ins Parlament, dafür aber ein anderer Kandidat seiner Partei, für den dessen Listenplatz nicht mehr gereicht hätte, wäre dieser Gegenkandidat Gewinner des Wahlkreises geworden und somit von dessen Parteiliste ein Kandidat weniger zum Zuge gekommen.

Fall 3: Bei der Partei des Wahlkreisgewinners schafft es ein Listenkandidat von dessen Partei nicht ins Parlament, der ohne den Sieg des Direktkandidaten eingezogen wäre (letzterer hätte auch über die Liste keinen Sitz bekommen).

Für einen Wähler, der mit seiner Stimme hauptsächlich darüber mitentscheiden will, wer offizieller Abgeordneter seines Wahlkreises wird, sind alle diese Folgen natürlich nebensächlich. Für denjenigen aber, der mit seinem Votum Einfluss auf die personelle Zusammensetzung des Bundestages nehmen will – und das gehört wesentlich zum Sinn der personalisierten Verhältniswahl und des Zweistimmensystems – sind die Folgen durchaus von Bedeutung und wären für die Wahlentscheidung ausschlaggebend, wenn man sie einigermaßen vorhersehen könnte.

Wir betrachten die Situation eines Wählers, der sich nicht nur mit seiner Erststimme für einen bestimmten Kandidaten, sondern mit seiner Zweitstimme auch für dessen Partei entschieden hat. Von den aufgelisteten möglichen Konstellationen nach der Wahl trete Fall 3 ein. Dann stellt der Wähler fest: Er hat de facto mit seiner Erststimme eine Entscheidung zwischen zwei Bewerbern getroffen, die beide der von ihm per Zweitstimme gewählten Partei angehören. Wer der zweite neben dem Wahlkreissieger ist, weiß der Wahlberechtigte allerdings erst jetzt, nach der Wahl. Er kann sogar der Spitzenkandidat seiner

Partei sein! Oft geschieht es bei erfolgreichen Parteien, dass der Spitzenkandidat den Einzug ins Parlament verfehlt, weil zu viele Direktkandidaten der Partei ihre Wahlkreise gewinnen. Das ist natürlich meistens nicht im Sinne der Wähler, die diese Situation herbeigeführt haben. Denn wer sich mit seiner Zweitstimme für die Kandidatenliste einer Partei entscheidet, wählt damit eben die auf dieser Liste aufgeführten Kandidaten und will, dass diese die künftige Politik des Landes maßgeblich mitbestimmen. Vor die Alternative gestellt, ob ein für die parlamentarische Arbeit der von ihnen bevorzugten Partei als wichtig erachteter Spitzenpolitiker oder der jeweilige Wahlkreiskandidat dieser Partei im Bundestag vertreten ist, würden sich viele für den Spitzenvertreter entscheiden. Aber natürlich weiß der Wähler nicht vorab, ob sich seine Direktwahl zulasten eines auf einer vorderen Listenposition Platzierten oder aber eines bisher nicht als unersetzlich eingeschätzten Bewerbers auswirkt. Im zweiten Fall ist es nicht unwahrscheinlich, dass der Wähler lieber den Kandidaten aus seiner Region im Parlament sieht. Je nachdem also, wer aufgrund des Wahlergebnisses a posteriori als „Quasi-Gegenkandidat" zum Wahlkreisbewerber der betreffenden Partei identifiziert werden kann, hat sich die Erststimme des betrachteten Wählers entweder in seinem Sinne oder aber exakt im Gegensatz zu seinem Willen ausgewirkt. In letzterem Fall, der sich häufig einstellt, muss bezüglich der Erststimme also von einem negativen Stimmgewicht gesprochen werden. Wir können festhalten:

Die Erststimme bei der personalisierten Verhältniswahl bedeutet in vielen Fällen die Entscheidung zwischen einem bekannten Wahlkreis- und einem unbekannten Listenkandidaten.

Mit seiner Erststimme trägt der Wähler häufig zu einem Ergebnis bei, das im Gegensatz zu seinem Willen steht, der ihn zu seiner Wahlentscheidung veranlasst hat (negatives Erststimmgewicht).

Erfolg eines Wahlkreiskandidaten: Gut für ihn – schlecht für seine Partei

Bisher haben wir Folgen der Anrechnung von Direktmandaten auf die bei der Verhältniswahl gewonnenen Sitze aus Sicht der Wähler analysiert. Es ist aber auch nicht uninteressant, einige Punkte aus dem Blickwinkel der Parteien sowie aus der Perspektive der Listenkandidaten zu beleuchten.

In jeder Partei gibt es Personen, die für die Parlamentsarbeit als besonders wichtig erachtet und deshalb auf den ersten Plätzen der Kandidatenliste positioniert werden. Auch spielen Proporzkriterien bei der Listenaufstellung eine Rolle: Es wird Wert darauf gelegt, dass die Geschlechter, verschiedene Regionen des Landes, verschiedene Parteiflügel und Vertreter von Gruppen unterschiedlichster Art angemessen vertreten sind. Wenn eine Partei nun sehr erfolgreich bei der Wahl ist, so geht der Erfolg im Allgemeinen einher mit dem Gewinn vieler Direktmandate. Dann bleiben oft nur noch wenige oder gar keine Mandate mehr übrig, die mit Listenbewerbern besetzt werden können, sodass es leicht passieren kann, dass seitens der Partei für unverzichtbar gehaltene Vertreter den Einzug ins Parlament verfehlen. Und die angestrebte Ausgewogenheit kann sich dann kaum ergeben, da die Direktkandidaten ja unabhängig voneinander in den verschiedenen Wahlkreisen bestimmt werden. Das sind unbestreitbare Nachteile für diese Partei – was nicht schlimm wäre, wenn sich solche Nachteile nicht gerade wegen eines guten Wahlergebnisses einstellen würden und wenn sie auch bei der weniger erfolgreichen Konkurrenz entstehen könnten oder sich aus dem Wahlergebnis als Folge des Wählerwillens ableiten ließen. Da alledem nicht so ist, machen die erkannten Folgen es schwer, das sie verursachende System in einer Demokratie zu rechtfertigen.

Für die Partei mit vielen gewonnenen Wahlkreisen ist die Situation so, wie wenn der Trainer einer Fußballmannschaft elf Spieler aufstellen müsste, die von elf Experten ohne Absprache untereinander einzeln benannt werden, während der Trainer des Gegners wie üblich für jede Mannschaftsposition einen geeigneten Spieler berufen kann.

Natürlich kann eine Partei nicht darauf hinwirken, dass eine genügende Zahl ihrer Direktkandidaten im Wahlkreis verliert. Aber wenn sie bei einer solchen Strategie nicht auch Verluste bei den Zweitstimmen befürchten müsste, wäre es im Interesse der Partei.

Der Eindruck, dass die Konsequenzen eines Wahlergebnisses oft als nicht gerecht beurteilt werden müssen, verstärkt sich noch, wenn man sie von der Warte eines Spitzenkandidaten betrachtet, der zwar keinen Wahlkreis gewonnen, aber die meistgewählte Parteiliste angeführt hat. Jedes Votum für diese Liste darf als Stimme auch für diesen Spitzenbewerber aufgefasst werden – sonst hätte seine Nennung auf dem Stimmzettel und überhaupt die Festlegung, dass mit der Zweitstimme eine Kandidatenliste gewählt wird, gar keinen Sinn. Insofern wurde dieser Bewerber von mehr Bürgern gewählt als die Spitzenvertreter aller konkurrierenden Parteien. Während jene aber ausnahmslos ins Parlament einziehen (soweit deren Parteien die Sperrklauselgrenze erreicht haben), ist das beim Listenanführer der erfolgreichen Partei nicht der Fall, wenn zu viele Parteikollegen Direktmandate erringen (was diese dann ja oft auch noch dem Spitzenkandidaten zu verdanken haben). Diese klare Ungereimtheit kann auch nicht mit dem Hinweis gerechtfertigt werden, dass der Listenanführer im Unterschied zu den meisten anderen Wahlkreiskandidaten „nicht einmal" seinen eigenen Wahlkreis habe gewinnen können. Selbstverständlich sind die Siegeschancen für den Vertreter einer bestimmten Partei in manchen Wahlkreisen gut, in anderen äußerst gering. Der Erfolg für die von ihm angeführte Kandidatenliste, also insbesondere für ihn selbst, bleibt davon selbstverständlich unberührt.

Es gibt Stimmen, die nicht mitgezählt werden

Das Prinzip der Anrechnung von Direktmandaten auf die über die Verhältniswahl erworbenen Sitzansprüche kann Parteien in die Versuchung führen, Mitglieder oder Nahestehende nicht offiziell von der Partei für die Direktwahlen zu nominieren, sondern als unabhängige Kandidaten antreten zu lassen. Wenn diese Bewerber dann Wahlkreise gewinnen, könnten sie bei den nach Zweitstimmenanteilen zu vergebenden Mandaten nicht angerechnet werden, würden aber im Regelfall die so vorgehende Partei unterstützen und damit im Parlament stärken. Solchen Versuchen zur Aushebelung der Anrechnungsregelung wurde im Bundeswahlgesetz aber ein Riegel vorgeschoben: In Paragraph 6, Absatz 1 dieses Gesetzes ist u.a. festgelegt, dass im Falle des Wahlkreisgewinns durch einen unabhängigen Kandidaten alle Zweitstimmen nicht zählen, die dessen Wähler abgegeben haben. Eine Partei würde bei Anwendung der beschriebenen Strategie – wenn der „Unabhängige" gewinnt – fast alle ihre Zweitstimmen im betreffenden Wahlkreis verlieren (nur diejenigen Zweitstimmen würden ihr verbleiben, bei denen die Erststimme nicht dem von ihr unterstützten erfolgreichen Bewerber gegeben wurde). Diese Regelung gilt natürlich nicht nur für Schein-Unabhängige, sondern auch für tatsächlich parteilich nicht gebundene sogenannte Bürgerkandidaten. Wer einem solchen seine Erststimme gibt, muss also wissen: Auf die Stärkeverhältnisse der Parteien darf er keinen Einfluss nehmen, wenn der Unabhängige das Wahlkreismandat erobert; die Zweitstimme bleibt dann unberücksichtigt. Die Zweitstimmen der Wähler, die sich mit der Erststimme für den gewählten Parteiunabhängigen entschieden haben, müssten also nochmals separat gezählt und nachträglich abgezogen werden. Glücklicherweise war eine solche Prozedur bei Bundestagswahlen noch nie vonnöten, da bisher noch nie ein Direktkandidat ohne Nominierung durch eine Partei gewählt wurde. Das muss aber in Zeiten abnehmender Parteienbindung nicht so bleiben. Die durch die dann greifende Sonderregelung sich ergebende Wahlrechtsbeschränkung lässt sich freilich nicht befriedigend mit dem eher pragmatischen Argument rechtfertigen, dass Parteien sonst den Grundsatz der Anrechnung von Direktmandaten unterlaufen könnten. Findige Rechtsgelehrte haben vielmehr stattdessen folgende Begründung geliefert: Da der Wähler des siegreichen unabhängigen Kandidaten bereits mit seiner Erststimme die Stärkeverhältnisse im Parlament mit beeinflusst habe – auch der parteilich nicht Gebundene stehe ja für bestimmte politische Positionen – käme diesem Wähler, würde auch seine Zweitstimme mitgezählt, ein „doppelter Stimmerfolg" zu. Dies sei bei anderen Wählern aber nicht so; wenn für einen Parteivertreter votiert werde, wirke sich ja nur die Zweitstimme auf Kräfteverhältnisse aus. Das doppelte Stimmgewicht, so die Argumentation weiter, verletze aber die Gleichheit der Wahl.

Wenn man die Unantastbarkeit des Verhältnisprinzips als oberstes Wahlrechtsgebot ansieht, lässt sich das nicht von der Hand weisen. Es zeigt aber auch erneut, dass die strikte Wahrung des Proporzgrundsatzes durch Anrechnung von direkt gewählten Abgeordneten zu kuriosen und unbefriedigenden Lösungen zwingt. Im Übrigen: Wenn man an die Behandlung des besprochenen Sonderfalls so grundsätzlich herangeht und man tatsächlich Erfolgswertgleichheit aller Wählervoten so gut wie möglich gewährleisten will, müsste die Regelung etwas anders aussehen. Logisch wäre es dann, wenn nur so viele Zweitstimmen unberücksichtigt blieben, wie einem Mandat nach dem Prinzip der Verhältniswahl entsprechen (das sind ca. 50% der Wähler eines Wahlkreises); es entspricht ja nicht der Verhältniswahl, und es beeinträchtigt den Erfolgswert der Einzelstimme, wenn ein allseits angesehener unabhängiger Direktkandidat auf 80% aller Erststimmen kommt und dementsprechend 80% aller Zweitstimmen dieses Wahlkreises unter den Tisch fallen; das dürfte dann vielmehr nur mit 50% dieser Zweitstimmen geschehen, die dann bei den betroffenen Parteien zu den Anteilen gestrichen werden müssten, zu denen sie in Kombination mit der Erststimme für den Wahlkreissieger abgegeben wurden.

Umgekehrt hat ein Wähler trotz Streichung seiner Zweitstimme ein erhöhtes Stimmgewicht, wenn mit seiner Erststimme ein unabhängiger Kandidat zum Zuge kommt, der mit einem Stimmenanteil von z.B.

nur 25% den Wahlkreis gewinnt. Der so entstehende Anstieg des Stimmgewichts könnte nur kompensiert werden, indem mehr Zweitstimmen unberücksichtigt bleiben als Erststimmen für den Unabhängigen abgegeben wurden, was natürlich grotesk wäre. Es wäre auch deshalb nicht akzeptabel, weil damit dann das Stimmgewicht derjenigen abgesenkt würde, die ihre Erststimme einem erfolglosen Kandidaten und die Zweitstimme einer von der Streichung betroffenen Partei gegeben haben.

Wie man auch die Sache dreht und wendet: Stimmgewichtsgleichheit lässt sich bei personalisierter Verhältniswahl nicht sicherstellen, wenn unabhängige Kandidaten Wahlkreise gewinnen.

Genauso ist übrigens die Situation, wenn der Wahlkreis nicht von einem Unabhängigen, sondern vom Vertreter einer Partei gewonnen wird, die wegen Verfehlung der 5%-Grenze nicht ins Parlament einzieht.[28]

Überhangmandate: Ein kleiner Zipfel vom Mehrheitswahlrecht

Die Erststimme hat bei der personalisierten Verhältniswahl eine doppelte Funktion:

1. Mit ihr soll der Abgeordnete gewählt werden, der den jeweiligen Wahlkreis vertritt.

---

[28] Dieser Fall trat bei der Bundestagswahl 2002 ein. Damals erreichte die PDS nur einen Zweitstimmenanteil von 4% und hatte zwei direkt gewählte Abgeordnete (erst ab drei direkt Gewählten muss die 5%-Grenze nicht erreicht werden). Damals gab es hierfür, anders als für die Wahl der Unabhängigen, noch nicht die Streichungsregelung, was später als verfassungswidrig erklärt wurde. Mit dem seit 2013 geltenden Wahlgesetz wurde die entsprechende Anpassung vorgenommen. Hätte sie 2002 schon gegolten, wären die Zweitstimmen derjenigen Wähler gestrichen worden, die ihre Erststimme einem der beiden erfolgreichen PDS-Kandidaten, die Zweitstimme aber einer anderen Partei gegeben haben.

2.   Mit ihr soll Einfluss auf die personelle Zusammensetzung der Parlamentsfraktionen genommen werden.

Wird der zweite Punkt angesprochen, wird häufig das Wörtchen „nur" hinzugefügt, womit zum Ausdruck gebracht wird, was durch die Erststimme *nicht* bewirkt werden soll (oder darf?):

3.   Die Erststimmenergebnisse sollen (oder dürfen?) sich nicht auf die Stärkeverhältnisse im Parlament auswirken.

Wir mussten bereits zur Kenntnis nehmen, dass Punkt 2 nicht immer gegeben ist: Oft kann der Wähler keinen Einfluss auf personelle Besetzungen nehmen – im Gegenteil, häufig erweist sich sein Erststimmgewicht als negativ; der Wähler verhindert mit seiner Stimme den Einzug einer Person ins Parlament, die er dort unbedingt hätte haben wollen.

Aber auch mit den Punkten 1 und 3 kann es Schwierigkeiten geben: Es kann nämlich der Fall eintreten, dass sie nicht beide gleichzeitig erfüllt werden können, ohne dass zusätzliche Regelungen getroffen werden müssen, die ihrerseits problematische Folgen nach sich ziehen. Das ist dann der Fall, wenn in einem Bundesland mehr Vertreter einer Partei Wahlkreise gewinnen als dieser nach dem Zweitstimmenergebnis Sitze zuzuteilen sind. Dann gibt es offenbar nur zwei Möglichkeiten: Entweder man regelt, dass nicht alle direkt Gewählten ein Mandat bekommen (um Punkt 3 Genüge zu tun), oder eben man belässt allen direkt Gewählten ihr Mandat (wegen der Punkte 1 und 2).

Wie sehen die jeweiligen weiteren Folgen bei der Entscheidung für die eine bzw. für die andere Alternative aus?

Gesteht man nicht jedem direkt Gewählten ein Mandat zu – etwa mit der Festlegung, dass diejenigen aus der Partei, die mit den geringsten Erststimmenanteilen ihre Wahlkreise gewonnen haben, bei der Zuweisung unberücksichtigt bleiben – so erfüllt die Erststimme in den betroffenen Wahlkreisen keinen ihrer Zwecke. Weder konnten die dortigen Wähler Einfluss auf personelle Fraktionszusammensetzungen nehmen (Punkt 2 nicht erfüllt), noch wird ihre Entscheidung über den Vertreter des Wahlkreises respektiert (auch Punkt 1 nicht erfüllt). Es gibt dann für diesen Wahlkreis entweder keinen Vertreter im Parlament oder – was noch bedenklicher wäre – es wird der Zweitplatzierte anstelle des Siegers, also der Verlierer, zum Wahlkreisabgeordneten erklärt. Angesichts dieser Konsequenzen lässt sich eine solchermaßen gestaltete Regelung den Wählern in den betroffenen Stimmkreisen kaum vermitteln.

Bei der zweiten Alternative – alle direkt Gewählten kommen unabhängig vom Zweitstimmenergebnis ins Parlament – hat die betreffende Partei mehr Abgeordnete als es der Fall wäre, wenn es nur die Listenstimmen gäbe. Diese zusätzlichen Sitze der Partei sind die vieldiskutierten *Überhangmandate*. Werden keine weiteren Regelungen getroffen, so wirken sich dann – anders als obiger Punkt 3 es fordert – auch die Erststimmen ein wenig auf die Stärkeverhältnisse aus. Bei Bundestagswahlen war das bis einschließlich der Wahl in 2009 der Fall. Da aber weithin eine starke Fixierung auf ein uneingeschränktes Verhältniswahlrecht besteht, halten viele die kleine Beifügung von Mehrheitswahlrecht zum Verhältniswahlsystem, welche die Überhangmandate ja de facto darstellen, für einen intolerablen Systemfremdkörper. Er kann nach vielfach vertretener Meinung nur dadurch tolerabel gemacht werden, dass *Ausgleichsmandate* an die verschiedenen Parteien vergeben werden und bei der dadurch erhöhten Gesamtzahl von Abgeordneten die Überhangmandate Proporzlegitimation gewinnen. Für die Wahlen zu den meisten Landtagen gibt es solche Regelungen mit Ausgleichsmandaten schon länger. Man nimmt damit allerdings eine unerwünschte Aufblähung der Parlamente in Kauf; bei voller Kompensation kommen regelmäßig mehr Ausgleichsmandate hinzu als sich Überhangmandate ergeben haben. Die vorgesehene Größe des Parlaments wird dann also bei weitem nicht eingehalten. Zudem wird das mit dem jeweiligen Wahlgesetz beabsichtigte Verhältnis zwischen direkt gewählten und über eine Liste ins Parlament einziehenden Abgeordneten stark zugunsten der letzteren verändert: Alle Ausgleichsmandate werden über Listen besetzt, und auch mit jedem Überhangmandat gelangt ein zusätzlicher Listenbewerber ins Parlament (der „Überhangmandatsträger" selbst ist natürlich direkt gewählt; er ändert aber nichts an der Gesamtzahl direkt gewählter Abgeordneter, die ja mit der feststehenden Anzahl von Wahlkreisen übereinstimmt). Da in Landtagen die Fraktion mit Überhangmandaten ausschließlich aus direkt gewählten Abgeordneten besteht, verstärkt sich zudem mit den zusätzlichen Ausgleichsmandaten bei den anderen Parteien deren Vorteil, den wir schon in einem vorherigen Abschnitt (Seiten 106f.) erkannt haben.

Bei Bundestagswahlen gab es vor 2013 noch keine Ausgleichsmandate. Das Bundesverfassungsgericht erklärte allerdings mit Urteil vom 25. Juli 2012 die „ausgleichslose Ermöglichung von Überhangmandaten" für verfassungswidrig, wenn deren Anzahl „den Grundcharakter der Bundestagswahl als Verhältniswahl aufheben kann"; als Obergrenze wurde von den Richtern „etwa 15" Überhangmandate genannt. In der durch Überhangmandate verursachten Abweichung vom Verhältniswahlprinzip sah das Gericht die Grundsätze der Wahlrechtsgleichheit und Chancengleichheit der Parteien verletzt. Folglich musste der Bundesgesetzgeber nach einer Lösung dieses zusätzlichen Problems bei der personalisierten Verhältniswahl suchen. Letztendlich hat der Deutsche Bundestag entschieden, dass wie in den meisten Bundesländern Ausgleichsmandate vergeben werden. Bei der Bundestagswahl 2013 war das erstmals der Fall. Die genaue Ausgestaltung der Neuregelung mit Ausgleichssitzen und die damit entstandenen Probleme sind Gegenstand eines späteren Abschnitts (Seiten 128ff.).

Neben der Korrektur von Proporzverzerrungen durch Überhangmandate bestand der Zweck der Neuregelung auch darin, den Effekt des negativen Zweitstimmgewichts, der im folgenden Abschnitts besprochen wird, zu beseitigen. Ob mit den Ausgleichsmandaten dieser Zweck wirklich erfüllt wird, wird noch einer Analyse unterzogen.

Negatives Stimmgewicht: Eine Partei verliert einen Sitz, weil sie mehr Stimmen gewinnt

Wenn der Wähler mit seiner Stimme zu einem Ergebnis beiträgt, das gerade das Gegenteil dessen ist, was er mit seinem Votum erreichen wollte, so muss ein besonders gravierender demokratiewidriger Systemfehler vorliegen, den es möglichst auszumerzen gilt. Wir mussten bereits feststellen, dass beim personalisierten Verhältniswahlrecht ein solcher schwerer Fehler bezüglich der Erststimme – das negative Erststimmgewicht – vorliegt und sich in diesem Wahlrechtssystem auch nicht beseitigen lässt. Auch bei anderen Gelegenheiten – etwa bei der Untersuchung des Runoff-Abstimmungsverfahrens – ist uns das fatale Phänomen schon begegnet.

Wenn in Presse und anderen Medien von *negativem Stimmgewicht* die Rede ist, geht es allerdings immer darum, dass *Zweitstimmen* entgegengesetzte Folgen zu den Absichten jener Wähler haben, die diese Stimmen beigetragen haben. Das ist natürlich noch schwerwiegender als bei den Erststimmen, denn es bedeutet: Durch zusätzliche Stimmen für eine Partei verliert diese einen Sitz. Einen, praktisch allerdings bedeutungslosen, also nur theoretischen Fall dieses eigenartigen Effekts haben wir schon mit dem Sperrklauselparadoxon (siehe Seiten 98ff.) kennengelernt. Ein weiterer hat sich bei Bundestagswahlen, solange Überhangmandate noch nicht kompensiert wurden, immer wieder realisiert, war aber lange nur Experten bekannt. Erst im Zusammenhang mit einer Nachwahl, die nach der Bundestagswahl 2005 in Dresden vonnöten war, gelangte das Thema ins Bewusstsein einer breiten Öffentlichkeit. Vor jener Nachwahl wurde bekannt und publik gemacht, dass sich bei der Mandatszuweisung nach Zweitstimmen für die CDU ab einer gewissen Stimmenzahl im Nachwahlkreis eine Verschiebung eines Sitzes von Nordrhein-Westfalen nach Sachsen ergeben würde. Der zusätzliche Sitz in Sachsen hätte sich dort aber nicht ausgewirkt, weil die sächsische CDU Überhangmandate errungen hatte; es hätte sich also lediglich eines dieser Überhangmandate in ein durch Zweitstimmen legitimiertes Mandat verwandelt. In Nordrhein-

Westfalen, wo es keine CDU-Überhänge gab, wäre mit dem nach Sachsen gewanderten Mandat hingegen ein Listensitz verloren gegangen. Im Saldo hätte sich für die CDU also durch für sie abgegebene Stimmen, wenn diese eine gewisse Anzahl überschritten hätten, ein (Überhang-)Mandat weniger ergeben. Diese Konsequenz vor Augen, wurde von vielen Wahlberechtigten, die zum regulären Termin der CDU ihre Stimme gegeben hätten, nicht für die CDU, sondern zumeist für die FDP gestimmt, womit es gelang, den Mandatsverlust zu vermeiden.

Während sich in der damaligen Sondersituation letztlich also keine Negativauswirkung von Zweitstimmen ergab, weil die bekannte Sachlage von Wählern bei ihrer Entscheidung berücksichtigt wurde, trat in vielen anderen Fällen der Effekt des negativen Stimmgewichts ein. Im Nachhinein konnte für verschiedene Bundestagswahlen gezeigt werden, dass weniger Stimmen in einem jeweils bestimmten Größenbereich in bestimmten Bundesländern zusätzliche Mandate teils für die CDU, teils für die SPD erbracht hätten. Demnach entfielen letztlich auf diese Parteien weniger Sitze als sie bei geringerer Stimmenzahl in den betreffenden Bundesländern erreicht hätten.

Der Mechanismus, der das negative Stimmgewicht bewirkte, war wie beim Dresdner Beispiel stets wie folgt: Eine Partei bekommt in einem Bundesland A, in dem diese Partei Überhangmandate gewinnt, mehr Stimmen als eine (nachträglich ermittelte) bestimmte Anzahl x. Die erreichte Stimmenzahl liegt nicht so stark über x, dass sie der Partei insgesamt (auf Bundesebene) ein weiteres Mandat gemäß Zuteilung nach Zweitstimmen beschert. Sie reicht aber aus, um eine Verschiebung eines solchen Mandats von einem Bundesland B, in dem die Partei keine Überhangmandate aufweist, nach Bundesland A zu bewirken. Damit wird aus einem Überhangmandat im Bundesland A ein „reguläres" Mandat. In A bleibt für die Partei ihre Anzahl an Sitzen damit unverändert, in B hat sie aber einen Sitz verloren. Die Partei hat wegen der über der Anzahl x liegenden zusätzlich erhaltenen Stimmen insgesamt ein Überhangmandat weniger bei unveränderter Gesamtzahl „regulärer" Mandate.

Es ist nicht erstaunlich, dass gegen das Wahlgesetz, das negatives Stimmgewicht ermöglichte, Klage beim Bundesverfassungsgericht eingereicht wurde – paradoxerweise aber nicht von Parteien, die von dem Negativeffekt betroffen sein können, sondern von Anhängern solcher Parteien, die gar keine Aussichten auf Überhangmandate haben und mithin auch keine verlieren können. Die Kläger erhofften sich nämlich, dass die aus der Feststellung der Verfassungswidrigkeit folgende Notwendigkeit zur Novellierung die Möglichkeit eröffnen würde, die Überhangmandate ohne Kompensation insgesamt abzuschaffen – ein Kalkül, das sich als erfolgreich erweisen sollte.

Personalisiertes Verhältniswahlrecht, aber kein negatives Stimmgewicht: Geht das überhaupt?

Das Wahlrecht, welches die paradoxe Konsequenz ermöglichte, dass mehr Stimmen für eine Partei zu weniger Sitzen führen, wurde vom Bundesverfassungsgericht mit Urteil vom 3. Juli 2008 für verfassungswidrig erklärt.[29] Die Richter machten sich auch Gedanken, in welche Richtung die mit einem neuen Wahlgesetz erfolgenden Änderungen gehen könnten, um die Möglichkeit negativen Zweitstimmgewichts zu beseitigen. Folgende Alternativen wurden vom Gericht angeboten:

(a) Weitgehende Vermeidung von Überhangmandaten durch bundesweite Anrechnung von Direktmandaten[30]

Da ohne Existenz von Überhangmandaten auch keine verloren gehen können, war dies natürlich ein denkbarer Weg zur Lösung des Problems. Die bundesweite Anrechnung bedeutet, dass überzählige – d.h., nicht durch Zweitstimmen legitimierte – Direktmandate, die in einem

---

[29] Dem Gesetzgeber wurde wegen der Kompliziertheit der Materie aber zur Neuregelung eine Frist bis zum 30. Juni 2011 eingeräumt, sodass die Bundestagswahl 2009 noch nach dem verworfenen Wahlgesetz durchgeführt werden konnte.

[30] Von den Bundestagsfraktionen Bündnis 90/Grüne und Die Linke wurden 2011 Gesetzentwürfe vorgelegt, mit denen dieser Vorschlag aufgegriffen wurde.

Bundesland anfallen, in einem anderen Bundesland angerechnet werden. Eine Partei bekommt also in einem Land weniger Mandate, als ihr nach der Stimmenzahl für ihre dortige Kandidatenliste rechnerisch zustehen, um die Überzahl gewonnener Direktmandate in einem anderen Bundesland auszugleichen. Das hat unvermeidliche Nebenfolgen: Erstens ist die Zweitstimme eben nicht eine reine Parteistimme, sondern auch (und offiziell sogar ausschließlich) eine Stimme für eine Kandidatenliste. Sie wirkt sich aber gar nicht zugunsten der gewählten Liste aus, sondern nur zur Legitimierung von Direktmandaten in einem anderen Bundesland. Zweitens verstärken sich die schon besprochenen Negativfolgen für Parteien, die hinsichtlich der Erststimmen sehr erfolgreich sind (es kommen noch weniger Spitzenkandidaten, auf deren Parlamentszugehörigkeit die betreffende Partei evt. großen Wert legt, zum Zuge, wenn sie in keinem Wahlkreis antreten oder ihn nicht gewinnen usw.[31]). Drittens ergeben sich erhebliche Unterschiede in der Repräsentanz der verschiedenen Bundesländer; während sich mit Überhangmandaten der Länderproporz nur durch *zusätzliche* Mandate für einige Länder verändert, wird er hier durch *Wegfall* von Sitzen für andere Länder weiter verzerrt.

Sollten trotz bundesweiter Anrechnung noch Überhangmandate übrig bleiben, wäre mit diesen verbleibenden kein negatives Stimmgewicht möglich, da es ja in keinem Land mehr ein Listenmandat gäbe, das sich in ein anderes Land verschieben könnte. Insofern könnte man, wenn es nur um die Ausschaltung des negativen Stimmgewichts ginge, diese Überhangmandate bestehen lassen. Das würde sich allerdings zugunsten der nur in Bayern kandidierenden CSU auswirken, denn deren Überhangmandate blieben dann im Unterschied zu jenen von CDU und SPD – weitere Parteien mit Aussicht auf eine große Zahl direkt gewonnener Mandate gibt es nicht – grundsätzlich bestehen. Unter

---

[31] 2009 wäre z.B. bundesweit kein einziger CDU-Bewerber über eine Liste in den Bundestag gekommen. So hätte es beispielsweise für den Spitzenkandidaten in Nordrhein-Westfalen, Prof. Dr. Lammert, der nach der Wahl zum Bundestagspräsidenten gewählt wurde, wegen zu vieler von der CDU in anderen Ländern gewonnener Direktmandate nicht zu einem Sitz im Bundestag gereicht.

anderem aus diesem Grund wurde auch der Ausgleich bzw. die Beseitigung dieser Überhangmandate vorgeschlagen[32], wobei Letzteres in der Weise geschehen sollte, dass nicht alle direkt Gewählten ihr Mandat bekommen. In manchen Wahlkreisen sollte es demnach gar keinen Wahlkreisabgeordneten geben. Die Akzeptanz einer solchen Folge im betroffenen Stimmkreis könnte natürlich kaum erreicht werden. Im Übrigen birgt dies eine weitere paradoxe Konsequenz: Wenn sich die Situation abzeichnet, dass z.b. die CSU so viele Direktmandate gewinnt, dass davon einige gestrichen werden, so empfiehlt es sich für die CSU, gar keine Liste einzureichen, so dass sie per Zweitstimme gar nicht wählbar ist, und ihre Direktkandidaten ausnahmslos als „Unabhängige" antreten zu lassen. Dann geht kein Direktmandat verloren. Null Zweitstimmen wäre dann demnach für die CSU am besten – und das heißt doch: Jede bei regulärem Ablauf auf die CSU entfallende Stimme hat negatives Gewicht!

Bei näherer Analyse des vom Verfassungsgericht genannten Korrekturansatzes *(a)* erweist es sich als höchst zweifelhaft, ob auf dieser Basis eine Gestaltung möglich ist, die Aussichten hätte, vor den Richtern zu bestehen. Wenden wir uns einer zweiten vom Gericht aufgezeigten Alternative zu:

(b) Die Abschaffung der sogenannten Listenverbindungen

Wenn dadurch erreicht wird, dass zwischen Landeslisten der gleichen Partei keine Mandatsverschiebungen stattfinden, wäre eine Voraussetzung für den Mechanismus entfallen, der negatives Stimmgewicht ermöglicht hatte.

Vorstellbar wäre es, diesen Ansatz so auszugestalten, dass alle Landeslisten bei der Sitzzuteilung wie eigenständige Parteien behandelt werden. Dann wäre es allerdings nach wie vor möglich, dass Mehrstimmen für eine Landesliste dazu führen, dass bei der betreffenden Landespartei aus einem Überhangmandat ein reguläres Mandat wird,

---

[32] Nach dem Vorschlag von Die Linke sollten Ausgleichsmandate vergeben werden; der Entwurf von Bündnis 90/Grüne sah die Beseitigung der Überhangmandate vor.

während – jetzt zufälligerweise, nicht mehr systembedingt – die gleiche Partei in einem anderen Bundesland einen Sitz verliert. Die Möglichkeit negativen Stimmgewichts wäre also nicht beseitigt.

Anders ist es, wenn den einzelnen Bundesländern vorab feste Sitzkontingente – etwa entsprechend der Bevölkerungszahl oder der Zahl der Wahlberechtigten – zugewiesen werden und in diesen dann jeweils die Mandatsverteilung nach Proporz erfolgt. Dann können sich zwischen Bundesländern keine Mandate verschieben und damit auch nicht zwischen Listen der gleichen Partei.

Regelungen dieser Art gibt es in fast allen Ländern mit föderalistischem Staatsaufbau, so beispielsweise in der Schweiz, wo in jedem Kanton separat das jeweils zugeteilte Mandatekontingent gemäß dort sich ergebender Stimmenverteilung vergeben wird.

Freilich wäre mit einem solchen Reglement nicht mehr für das gesamte Elektorat – in Deutschland also für das Bundesgebiet – der Proporz gewährleistet. Denn erstens würden Parteien profitieren, die in Bundesländern mit niedriger Wahlbeteiligung erfolgreich sind (geringe Beteiligung hätte ja wegen festem Landeskontingent keine negative Auswirkung), zweitens könnte der Fall eintreten, dass sich für eine Partei hohe Anzahlen von Reststimmen (Stimmen, ohne die eine Partei die gleiche Zahl von Sitzen bekommen hätte) in vielen Bundesländern ergeben, so dass deren Summe mehrere Mandate ausmachen, die somit dieser Partei – verglichen mit der Verteilung gemäß Stimmenanteil im gesamten Wahlgebiet – verloren gehen. Insbesondere könnte es bei kleineren Parteien geschehen, dass deren Stimmenzahlen in mehreren Ländern mit niedriger Bevölkerungszahl (Bremen, Saarland, Mecklenburg-Vorpommern, Hamburg) für keinen einzigen Sitz reichen, so dass deren sämtliche Stimmen in diesen Ländern bei der Sitzzuteilung unberücksichtigt bleiben.

Angesichts dieser Konsequenzen kommt in Deutschland, wo die Erfolgswertgleichheit aller Stimmen – und folglich der bundesweite Proporz – als sehr viel wichtiger erachtet wird als die Berücksichtigung von Eigenständigkeit der einzelnen Bundesländer, eine solche Regelung kaum in Frage. Es kann als sicher angenommen werden, dass sie wegen Verletzung der Gleichheit der Wahl als verfassungswidrig erklärt würde.

Diese Erkenntnis legt zur Problemlösung zweierlei nahe: Zum einen – um die Proporzverzerrung durch unterschiedliche Wahlbeteiligungen zu vermeiden – wird die Anzahl der Wähler (statt der Bevölkerungsgröße) zum Maßstab für die Zuteilung von Mandaten an die Bundesländer gemacht, womit die Kontingentierung natürlich erst nach der Wahl geschehen kann. In den einzelnen Bundesländern werden dann nach Zweitstimmen die Sitze an die Parteien verteilt. Zum andern – um auch die durch Reststimmen entstehenden Proporzabweichungen weitestgehend auszuschalten – müssten die Reststimmen bundesweit addiert und aus den Summen Zusatzsitze errechnet werden. Auf der Basis dieser Lösungsansätze wurde im November 2011 vom Deutschen Bundestag eine Wahlgesetzänderung mit den Stimmen der damaligen Regierungsparteien CDU, CSU und FDP beschlossen. Allerdings war mit der so gearteten Reform das Phänomen des negativen Stimmgewichts nicht komplett beseitigt. Es hätte sich noch in folgender Weise realisieren können: Mehrstimmen für Partei A im Bundesland X erbringen bei der Kontingentierung einen zusätzlichen Sitz für dieses Bundesland. Dieser wirkt sich dort entweder zugunsten einer Partei B aus (die zusätzlichen A-Stimmen reichen nicht, um den Anspruch von B auf einen weiteren Sitz im Land X streitig machen zu können) oder aber – falls der weitere durch Zweitstimmen legitimierte Sitz A zufällt – er verwandelt ein Überhang- in ein reguläres Mandat. Gleichzeitig geht der dadurch in einem anderen Bundesland Y entfallende Sitz dort auf Kosten von Partei A, die im Land Y kein Überhangmandat hat.

Die 2011 verabschiedete Wahlgesetzänderung hätte also das Auftreten negativen Stimmgewichts nicht vollständig ausgeschlossen. Seitens der Parteien, die sich dafür entschieden hatten, war man davon ausgegangen, bei Konstellationen der beschriebenen Art handele es sich um „abstrakt konstruierte Fallgestaltungen", bei denen nach dem Verfassungsgerichtsurteil von 2008 der Effekt des negativen Stimmgewichts hingenommen werden könne. Diese Annahme erwies sich indes als Fehleinschätzung: Das novellierte Wahlrecht wurde am 25. Juli 2012 unter anderem wegen der nicht ausreichend beseitigten Möglichkeit negativen Stimmgewichts ebenfalls für verfassungswidrig erklärt.[33]

Nicht bekannt ist es, an welche sonstige Ausgestaltungsform das Gericht bei seinem Lösungsvorschlag *(b)* gedacht haben könnte.

Neben den beiden Reformansätzen *(a)* und *(b)*, die am personalisierten Verhältniswahlrecht festhalten, wurde von den Verfassungsrichtern auch eine Novellierungsalternative genannt, mit der ein Systemwechsel stattfinden würde:

(c)   Wahl hälftig nach dem Mehrheits- und hälftig nach dem Verhältniswahlrecht

Bei dieser Option kann negatives Stimmgewicht nicht auftreten, weil keine Anrechnung von Direktmandaten auf Listenmandate erfolgt. Dieser Weg, mit dem wir uns noch eingehend beschäftigen werden (siehe Seiten 131ff.), wurde überhaupt nicht diskutiert: Für die kleinen Parteien, die keine Aussichten auf Direktmandate haben, wäre er von erheblichem Nachteil, und die großen Parteien stellten diese Alternative aus Rücksicht auf vorhandene bzw. potentielle kleinere Koalitionspartner gar nicht erst zur Debatte.

Ausgleichsmandate: Kein sicherer Schutz vor negativem Stimmgewicht

Neben den drei Optionen, die das Bundesverfassungsgericht zur Vermeidung negativen Stimmgewichts auflistete, erscheint ein weiterer Weg vielversprechend:

---

[33] Ein weiterer Grund für das Urteil, der auf Seite 113 schon erwähnt wurde, betraf die Überhangmandate. Und auch bei der Zuteilung der Zusatzsitze für die Reststimmensummen sah das Gericht das Grundgesetz verletzt; nach Auffassung der Richter war dabei die Erfolgswertgleichheit der Stimmen noch nicht ausreichend gewahrt.

Kompensation von Überhangmandaten durch Ausgleichsmandate[34]

Wenn Überhangmandate ausgeglichen werden, geht mit dem Verlust von Überhangmandaten infolge negativen Stimmgewichts ein entsprechender Wegfall von Ausgleichsmandaten einher. Die Stärkeverhältnisse zwischen den Parteien – so ist der erste Eindruck – ändern sich im Ergebnis also durch die Mehrstimmen nicht. Wenn dem wirklich so ist, dann hat die Partei mit dem Stimmenzuwachs letztlich zwar ein Mandat weniger, aber es kann nicht unbedingt behauptet werden, damit hätten die zusätzlichen Stimmen das Gegenteil dessen bewirkt, was in der Absicht der betreffenden Wähler lag. Denn man kann annehmen, dass es dem Wähler weniger um die absolute Zahl der Abgeordneten geht, welche die von ihm gewählte Partei stellt, als vielmehr um die Stärke*verhältnisse* zwischen den einzelnen Parteien. So gesehen, kann man eine Reduzierung der *absoluten* Mandatezahl als Folge zusätzlicher Stimmen – das sogenannte absolute negative Stimmgewicht[35] – als unbedenklich beurteilen, wenn sich dadurch nicht auch der *relative* Anteil der betreffenden Partei an der Gesamtzahl der Abgeordneten verschlechtert.[36]

Doch ist wenigstens diese Bedingung durch Ausgleichsmandate wirklich gewährleistet?

Dem ist leider nicht so, wie wir bei näherer Analyse erkennen müssen. Bei einem Überhangmandat weniger für eine Partei verlieren keineswegs immer andere Parteien Ausgleichsmandate. Denn da die Verhältnisse der Parteistärken ja gerade durch die Ausgleichsmandate ungefähr so sein sollen wie sie es ohne die Überhangmandate wären,

---

[34] Dieser Ansatz wurde von der SPD-Bundestagsfraktion für deren Wahlgesetzentwurf 2011 gewählt.

[35] Die Begriffe „absolutes negatives Stimmgewicht" und „relatives negatives Stimmgewicht" sind gebräuchlich, aber irreführend. Sie könnten die Annahme nahelegen, erstgenanntes Phänomen sei das gravierendere. Natürlich ist es umgekehrt.

[36] Einige Wahltheoretiker interpretierten das Urteil von 2008 allerdings dahingehend, dass das Gericht schon bei absolutem negativem Stimmgewicht die Verfassung verletzt sehe. Bei dieser Deutung des Urteilstextes käme natürlich eine Lösung mit Ausgleichsmandaten gar nicht erst in Betracht.

kommt pro Überhangmandat bei den kleineren Parteien durchschnittlich nur der Bruchteil eines Ausgleichssitzes. Dadurch kann es sich ergeben, dass die mit Wegfall eines Überhangmandats verbundenen Minderansprüche auf Ausgleichsmandate so niedrige Sitzbruchteile sind, dass sie nicht zum Verlust eines vollen Mandats führen. So ist es im folgenden Beispiel, mit dem gleichzeitig erläutert wird, wie die Berechnung der Ausgleichsmandate erfolgen kann. Dabei ist eine Gliederung des Wahlgebiets in Länder oder Bezirke o.Ä. vorauszusetzen, da beim Eintreten des negativen Stimmgewichts die Verschiebung eines per Listenwahl errungenen Sitzes von einer Landesliste zu einer anderen erfolgt. Der Einfachheit halber gehen wir von einer Aufteilung in nur zwei Regionen R_1 und R_2 aus, das genügt für unseren Zweck. Wir haben im Beispiel damit zwar einen nur fiktiven Fall einer Parlamentswahl, doch sind die Verhältnisse bei realen Wahlen wie der Bundestagswahl mit sechzehn Ländern nicht grundsätzlich anders.

Personalisierte Verhältniswahl;   reguläre Anzahl Mandate: 300
davon Direktmandate: 150

Die Parteien haben für zwei Regionen R_1 und R_2 jeweils „Regionallisten" eingereicht.

Mandatszuweisung nach Sainte-Laguë:

Partei	A	B	C	D	zus.
Stimmenzahl (SZ)	400000 221500 in R_1 178500 in R_2	300000	200000	100000	1000000
Sitzanspruch bei insgesamt 300 Mandaten	120 davon 66 in R_1 und 54 in R_2 *)	90	60	30	300
Anzahl Direktmandate	128 davon 75 in R_1 und 53 in R_2	22	–	–	150
Anzahl Überhangmandate	9 alle in R_1	–	–	–	9
Anzahl Mandate inkl. Überhang-, aber noch ohne Ausgleichsmandate	129	90	60	30	309

*)Auch die Verteilung der 120 A-Mandate auf die beiden Regionen ist nach Sainte-Laguë berechnet (möglicher Divisor: 3335).

Die neun Überhangmandate von A sind nun durch Ausgleichsmandate für B, C und D zu kompensieren. Dazu wird der Divisor bei der Sainte-Laguë-Zuweisung so ermittelt, dass A gerade noch auf 129 Mandate kommt; mit diesem Divisor erhält man dann die Zuweisungszahlen für die übrigen Parteien und damit auch die Anzahlen der Ausgleichsmandate.

A kommt beim Divisorverfahren mit Standardrundung ab Quotient 128,5 auf 129 Mandate; der zugehörige Divisor ist:

$$400000 : 128,5 \approx 3112,8$$

Mit dem Divisor 3112,8 werden also nach Sainte-Laguë die Mandatszahlen ermittelt:

Partei	A	B	C	D	zusammen
SZ : 3112,8	128,5	96,4	64,3	32,1	
Gesamtzahl Mandate	129	96	64	32	321
davon Ausgleichsmandate	–	6	4	2	12

Es werden also so viele Ausgleichsmandate vergeben, dass sich die Gesamtzahl an Sitzen so erhöht hat, dass der (anfänglichen) „Überhangpartei" von der erhöhten Gesamtzahl nach dem Verhältniswahlprinzip exakt ihre vorher ermittelte Anzahl an Sitzen inklusive aller gewonnenen Direktmandate zusteht.

Nun werde festgestellt, dass in Region R_1 für Partei A 500 Stimmen mehr abgegeben worden waren. Die Neuberechnungen (siehe Tabelle auf der nächsten Seite) zeigen, dass sich die Sitzansprüche bei der regulären Parlamentsgröße von 300 Abgeordneten nicht verändert haben. Partei A stehen also ohne Überhangmandate nach wie vor 120 Sitze zu, die sich aber auf die zwei Regionen neu verteilen: Statt 66 ergeben sich jetzt für Region R_1 nach Proporz 67 Mandate, für Region R_2 nur noch 53 statt vorher 54. Somit hat A jetzt nur noch acht Überhangmandate.

Wir sehen: Die von neun auf acht reduzierte Anzahl auszugleichender Überhangmandate führt hier nicht zu weniger Ausgleichsmandaten. Die 500 nachträglich aufgetauchten Stimmen für Partei A haben zur Folge, dass diese Partei ein Mandat verliert, während sich bei keiner anderen Partei die Anzahl der Sitze verändert. Für Partei A hat sich somit nicht nur die absolute Anzahl ihrer Parlamentssitze verändert, sondern auch ihre relative Stärke gegenüber allen anderen Parteien. Die Kompensation der Überhangmandate konnte die Möglichkeit negativen Stimmgewichts nicht vollständig beseitigen.

Partei	A	B	C	D	zus.
Stimmenzahl (SZ)	400500 222000 in R_1 178500 in R_2	300000	200000	100000	1000500
SZ : 3335 *)	120,1	90,0	60,0	30,0	
Sitzanspruch bei insges. 300 Man- daten (Divisor für Verteilung bei Partei A: 3337)	120 davon 67 in R_1 und 53 in R_2	90	60	30	300
Anzahl Direkt- mandate	128 davon 75 in R_1 und 53 in R_2	22	–	–	150
Anzahl Überhang- mandate	8 alle in R_1	–	–	–	8
SZ : 3141,2 **)	127,5	95,5	63,7	31,8	
Gesamtzahl Man- date	128	96	64	32	320
davon Ausgleichs- mandate	–	6	4	2	12

*) Wie man sieht, erweist sich auch hier der Divisor 3335 als geeig- net.

**) Hier ist der Divisor so festzulegen, dass Partei A gerade noch auf die von ihr in Direktwahl gewonnenen Sitze kommt; da ab Quoti- ent 127,5 auf 128 gerundet wird, ist der Divisor: 400500 : 127,5 $\approx$ 3141,2

Auch ohne ein solches Zahlenbeispiel wird mit folgender Überlegung schnell klar, dass eine Ausgleichsregelung negatives Stimmgewicht nicht gänzlich ausschließen kann: Wenn es nur ein einziges Überhangmandat bei einer Partei P gibt, kann es sein, dass schon bei einer Erhöhung der vorgesehenen Anzahl von Mandaten um nur eines die Neuverteilung ergibt, dass der zusätzliche Sitz an Partei P fällt – so dass gar keine Ausgleichsmandate vergeben werden. Bei der um eins aufgestockten Zahl von Sitzen erweist sich in diesem Fall nämlich, dass das Überhangmandat den Proporz gar nicht verletzt. Somit ist die Situation dann genau so, wie wenn es gar keine Ausgleichsregelung gäbe. Dann kann sich aber auch der Effekt des negativen Stimmgewichts in bekannter Weise realisieren: Mehrstimmen von Partei P in dem Bundesland, wo das Überhangmandat entstanden war, können dazu führen, dass sich zwar an der Gesamtzahl der nach Zweitstimmen zuzuweisenden Mandate für Partei P nichts ändert, aber sich ein Sitz aus einem anderen Bundesland in jenes mit dem Überhang verschiebt, so dass das dortige Überhang- zu einem proporzgedeckten Mandat wird. Da somit kein Überhangmandat mehr vorliegt, findet auch kein Ausgleichsverfahren statt, womit Partei P als Folge ihrer zusätzlich erhaltenen Stimmen eines Sitzes verlustig geht.

Zum „Ausgleich" von Überhangmandaten einer Partei wird einer anderen Partei ein Sitz weggenommen

Wenn die Sitzzuteilung nach Hare erfolgt und nur wenige Überhangmandate kompensiert werden müssen, so kann der Ausgleich dazu führen, dass eine Partei ein Mandat verliert! Denn da ja die Gesamtzahl der Mandate durch das Ausgleichsverfahren erhöht wird, kann sich das Mandatszuwachsparadoxon (Seiten 61f.) realisieren: Einer Partei steht bei erhöhter Gesamtzahl an Sitzen ein Mandat weniger zu als ohne die Anhebung. Für einzelne Parteien kann die Anzahl der „Ausgleichsmandate" also negativ sein!

Bei Bundestagswahlen kann diese Seltsamkeit allerdings nicht eintreten, weil hier die Mandate nach Sainte-Laguë verteilt werden. Da bei der Wahl von Landeparlamenten aber in vielen Bundesländern nach dem Hare-Verfahren zugewiesen wird, sind bei Landtagswahlen Mandatsverluste als Folge der Ausgleichsprozedur möglich.

Ausgleichsmandate können negatives Stimmgewicht sogar verursachen

Ein Abzug von Mandaten durch Ausgleichsmandate ist zwar paradox, aber natürlich liegt mit einem negativen Ausgleichsmandat kein negatives Stimmgewicht vor. Der Abzug hat sich ja nicht als Folge von Mehrstimmen für die betroffene Partei, sondern allein durch das Kompensationsverfahren ergeben.

Nun kann es aber auch sein, dass einer Partei B durch zusätzlich erhaltene Stimmen zunächst ein Mandat mehr nach Proporz zusteht als ohne dieses Mehr an Stimmen, und zwar auf Kosten einer Partei A mit vielen Direktmandaten. Wenn dadurch bei Partei A nicht mehr alle Direktmandate proporzgedeckt sind (oder, wenn das schon vorher so war, ein weiteres Direktmandat nicht mehr dem Proporz entspricht), so muss jetzt das Ausgleichsverfahren (ggf. neu) in Gang gesetzt werden. Dabei kann es genügen, dass die Parlamentsgröße nur um einen Sitz angehoben werden muss, weil dieser bereits Partei A zufällt und damit das zusätzliche Direktmandat Proporzlegitimation gewinnt. Gleichzeitig ist es – wie im vorangehenden Abschnitt beschrieben – bei Zuweisung nach Hare möglich, dass eine Partei ohne Überhang einen Sitz verliert. Die betroffene Partei kann natürlich auch Partei B sein, für die wegen zusätzlicher Stimmen zunächst ein Anspruch von einem weiteren Mandat errechnet wurde. Dieses Mandat geht bei vorliegender Konstellation durch das Ausgleichsverfahren wieder verloren. Partei B hat im Ergebnis also zwar die gleiche Abgeordnetenzahl wie ohne die Mehrstimmen, aber bei um eins erhöhter Zahl der Gesamtmandate. Damit ist der relative Anteil an B-Mandatsträgern gesunken. Das

Ausgleichsverfahren führte zu negativem Gewicht der zusätzlichen Stimmen für Partei B.

Das aktuelle Wahlrecht für Bundestagswahlen: Erst Kontingentierung nach Bevölkerungsanteilen, dann Ausgleichsmandate

Nachdem die 2011 von CDU, CSU und FDP verabschiedete Reform im Juli 2012 für verfassungswidrig erklärt worden war, schlossen sich diese Parteien sowie auch Bündnis 90/Grüne grundsätzlich der SPD mit deren Vorschlag an, mittels Ausgleichsmandaten den Versuch zur Schaffung eines Wahlrechts zu unternehmen, das vor den Augen der Verfassungsrichter bestehen kann. Zwar war man sich der Mängel auch dieser Lösung bewusst – beträchtliche Überschreitung der vorgesehenen Parlamentsgröße, erhebliche Abweichung von der gewünschten Relation zwischen den Anzahlen direkt und über Listen gewählter Abgeordneter zugunsten der letzteren, negatives Stimmgewicht auch bei der Zweitstimme nicht ausgeschlossen (bei der Erststimme sowieso nicht) u.a. – doch konnte nach den neuen Vorgaben der Richter auch kein anderer gangbarer Weg mehr innerhalb des personalisierten Verhältniswahlrechts ausgemacht werden.

Freilich wollten die umschwenkenden Parteien den sozialdemokratischen Entwurf nicht ganz modifikationslos übernehmen. Zwecks Gesichtswahrung wurde vielmehr, weil in der verworfenen Fassung der damaligen Koalitionsparteien eine Kontingentierung von Sitzen auf Bundesländer vorgesehen war, eine solche auch in das gemeinsame Konzept eingebaut, sodass der Anschein eines Kompromisses zwischen Regierungs- und Oppositionsparteien erweckt werden konnte.

Im Unterschied zum für ungültig erklärten Gesetz richtet sich mit der dann beschlossenen Fassung die Kontingentierung allerdings nicht nach der Anzahl der Wähler in den einzelnen Bundesländern, sondern nach deren Bevölkerungszahlen. Wie schon bei Analyse des Problemlösungsversuchs durch Abschaffung der Listenverbindungen (Seiten 118f.) bemerkt, ginge ohne zusätzliche Regelungen damit allerdings die Erfolgswertgleichheit aller Stimmen verloren: Der Erfolgswert der Stimmen in Ländern mit niedriger wäre höher als in solchen mit hoher Wahlbeteiligung. Um diese kaum hinnehmbare Folge zu vermeiden, ist im derzeit gültigen Wahlgesetz Folgendes festgelegt: Zunächst werden die nach Bevölkerungsanteilen ermittelten Kontingente der einzelnen Länder jeweils nach den dortigen Zweitstimmenanteilen auf die Parteien verteilt. Zu den sich so ergebenden Mandaten können in einzelnen Ländern noch Überhangmandate kommen. Die anschließende Berechnung von Ausgleichssitzen erfolgt aber nicht länderweise, sondern bundesweit, also so, dass die Gesamtzahlen der den Parteien zugeteilten Sitze deren bundesweitem Zweitstimmenanteil entsprechen. Damit hat die zunächst vorgenommene Kontingentierung für die Bundesländer natürlich gar keinen Sinn mehr. Sie führt zusammen mit dem Ausgleichsverfahren nur dazu, dass die mit Ausgleichsmandaten ohnehin einhergehende Parlamentsaufblähung meist in noch verstärktem Maße eintritt. Es werden jetzt nämlich nicht nur die Überhangmandate kompensiert, sondern auch noch diejenigen Mandate, die „zuviel" an jene Parteien vergeben wurden, die in Ländern mit geringer Wahlbeteiligung besonders erfolgreich waren. Es handelt sich also bei den durch das Ausgleichsverfahren errechneten zusätzlichen Sitzen nicht ausschließlich um Ausgleichs- für Überhangmandate, sondern zum großen Teil, manchmal sogar überwiegend, um Sitze, die zur Korrektur der durch die Kontingentierung nach Bewohnerzahlen verursachten Proporzverzerrung dienen.

So war es auch bei der Bundestagswahl 2013: Es gab nur vier Überhangmandate (alle für die CDU), deren Ausgleich fünf Zusatzmandate erforderte. Es wurden aber nicht fünf, sondern 29 zusätzliche Sitze zugeteilt, die irreführend alle als „Ausgleichsmandate" bezeichnet werden. Zur Unterscheidung der verschiedenen Ursachen und Funktionen sollten sie besser auch unterschiedlich benannt werden, etwa *Ausgleichsmandate* nur für die zur Kompensation von Überhangmandaten dienenden und *Korrekturmandate* für jene Zusatzsitze, welche die systembedingte Verzerrung korrigieren. Mit diesen Bezeichnungen gab es also in 2013 fünf Ausgleichs- und 24 Korrektursitze – eine sehr moderate Aufstockung, weil sich nur wenige Überhangmandate ergeben hatten. Das hatte seine Ursache darin, dass die CDU zwar den Großteil (gut drei Viertel) aller Wahlkreismandate außerhalb Bayerns errang, hier aber auch bei ihrem Zweitstimmenanteil nicht sehr weit von der Hälfte der bei der Sitzzuteilung zu berücksichtigenden Stimmen lag, womit fast alle Direktmandate auch durch Zweitstimmen legitimiert waren. Auf die CSU, die alle bayerischen Wahlkreise gewann, entfiel sogar mehr als die Hälfte der maßgeblichen Zweitstimmen; da ja die Direktmandate nur die Hälfte der vorgesehenen Gesamtzahl an Sitzen ausmachen, waren sie also bei der CSU alle durch Zweitstimmen unterlegt.

Es dürfte aber ein Ausnahmefall bleiben, dass eine Partei (oder das Parteienschwesternpaar CDU/CSU) ein nahe an der absoluten Mehrheit liegendes Wahlergebnis erzielt. Im Normalfall ist mit deutlich mehr Überhang- und daraus resultierenden Ausgleichsmandaten zu rechnen. So wären 2009 bei damals 24 Überhangmandaten, hätte es damals schon die Ausgleichsregelung gegeben, nicht weniger als 44 Ausgleichsmandate zugeteilt worden. Hinzu wären, wenn das aktuelle Wahlgesetz gegolten hätte, auch noch fünf Korrektursitze gekommen, sodass dem Bundestag statt der vorgesehenen 598 und der tatsächlich 622 damals dann nicht weniger als 671 Abgeordnete angehört hätten! Mit einer Aufblähung des Bundestags in bedenklichem Ausmaß muss also durchaus bei künftigen Wahlen gerechnet werden.

Dass Ausgleichsmandate den Effekt des negativen Stimmerfolgs nicht vollständig ausschließen, haben wir bereits erkannt (Analyse auf Seiten 122ff.). Die seltsame Verbindung der Ausgleichsregelung mit einer Länderkontingentierung, welche im Ausgleichsverfahren aber wieder aufgehoben wird, ändert daran nichts. Der interessierte Leser mag sich davon anhand des Beispiels überzeugen, mit dem die Möglichkeit negativen Stimmengewichts bei reiner Ausgleichslösung gezeigt wurde (Seiten 123ff.). Mit einfachen geeigneten zusätzlichen Annahmen zu Bevölkerungsanteilen der Regionen R_1 und R_2 sowie der Stimmenverteilung auf die beiden Regionen für die einzelnen Parteien, die wegen der Kontingentierung gemacht werden müssen, gelingt die Verifikation ohne Veränderungen an den dortigen Daten.

Angemerkt sei noch, dass hier das negative Stimmgewicht durch die Ausgleichsregelung, die den Effekt eigentlich ausschließen soll, überhaupt erst entsteht. Ohne Ausgleichs- und Korrekturmandate, also nur mit Länderkontingentierung nach Bevölkerungszahl, könnte kein negativer Stimmerfolg eintreten, weil dann ja keine Mandatsverschiebungen zwischen Bundesländern möglich wären. Allerdings gäbe es dann die erwähnten unterschiedlichen Stimmerfolgswerte in den einzelnen Bundesländern, was noch weniger hinnehmbar ist als die recht geringe Wahrscheinlichkeit für negatives Stimmgewicht.

Das Grabenwahlsystem: Keine Anrechnung von Direktmandaten auf Listenmandate

Unsere Analyse aller bekannten Lösungsansätze zur Beseitigung des negativen Stimmgewichts, die an der personalisierten Verhältniswahl festhalten, haben gezeigt: Sie können ausnahmslos entweder ihren Zweck nicht wirklich erfüllen (negatives Stimmgewicht wird nur unwahrscheinlicher, aber nicht ausgeschlossen), oder sie haben Folgen, die nicht weniger problematisch, teilweise sogar noch bedenklicher und gravierender sind als der Effekt des negativen Stimmenerfolgswerts selbst. Es muss daher vermutet werden, dass keine Ausgestaltungsform des personalisierten Verhältniswahlrechts den Anforderungen gerecht wird, die das Grundgesetz nach Auffassung des Bundesverfassungsgerichts an ein Wahlgesetz stellt.

Wahrscheinlich muss man sich also früher oder später für ein anderes Wahlsystem entscheiden. Wenn man dennoch die Vorzüge des Verhältniswahlrechts mit vorteilhaften Eigenschaften des Mehrheitswahlrechts verbinden will, bietet sich vor allem der Weg an, den auch das Bundesverfassungsgericht (neben den Vorschlägen, die am personalisierten Verhältniswahlrecht festhalten, sich aber als untauglich erwiesen haben) aufgezeigt hat: Ein Teil der Abgeordneten – zum Beispiel die Hälfte, man könnte sich aber auch für einen anderen Anteil entscheiden – wird nach dem einen System gewählt, die übrigen nach dem anderen, wobei die beiden Komponenten der Gesamtwahl völlig unabhängig voneinander – also ohne Verrechnung – stattfinden. Diese Form der Verbindung von Mehrheits- und Verhältniswahlrecht wird wegen der wie durch einen Graben gegebenen Trennung der Teilwahlen als *Grabensystem* bezeichnet.

Nicht wenige Bundesbürger sind übrigens der irrtümlichen Meinung, dieses System sei geltendes Recht: Wenn Sie in Ihrem Bekanntenkreis die Frage stellen, wie sich die Direktwahl eines Wahlkreiskandidaten auf die Fraktionsstärke von dessen Partei auswirke, so werden Sie oft die Antwort hören, dass die Fraktion mit diesem direkt Gewählten einen Parlamentarier mehr aufweise. Das ist ein Hinweis darauf, dass eine Einführung des Grabenwahlrechts durchaus auf Akzeptanz der Bevölkerung stoßen und das System als gerecht empfunden würde.

Wie bei der personalisierten Verhältniswahl müssen natürlich auch beim Grabenwahlrecht die Paradoxien und kuriosen Folgen in Kauf genommen werden, die mit den Wahlkomponenten – Mehrheits- und Verhältniswahl, bei Letzterer je nach Mandatszuweisungsverfahren – unvermeidlicherweise verbunden sind. Jedoch ist das Grabensystem von der großen Zahl zusätzlicher Ungereimtheiten und Probleme frei, die bei der personalisierten Verhältniswahl durch das Anrechnungsprinzip entstehen. Insbesondere hat der Wähler die Gewissheit, dass sich weder seine Kandidatenstimme („Erststimme") noch seine Listenstimme („Zweitstimme") in einer Weise auswirken kann, die seinem Willen zuwiderläuft. Es gibt nicht nur kein negatives Zweitstimm-, sondern auch kein negatives Erststimmgewicht.

Bei der Entscheidung für ein Wahlrecht spielen aber neben diesen wahlrechtstheoretischen Aspekten auch wahlrechtspolitische Erwägungen eine große Rolle. Selbstverständlich haben die Parteien stark die zu erwartenden Folgen hinsichtlich der eigenen Aussichten im Auge.

Da direkt gewonnene Mandate nicht auf Listenmandate angerechnet werden, profitieren natürlich die Parteien, die viele Direktmandate gewinnen, in Deutschland also CDU, CSU und SPD. Die Fraktionsstärken der kleineren Parteien, die aber bisher den Parlamentseinzug geschafft haben, werden dagegen – wenn gleich viele Direkt- wie Listenmandate vergeben werden – fast oder ganz halbiert. Für noch kleinere Parteien, die bisher an der 5%-Hürde scheiterten, könnte das System wiederum von Vorteil sein, denn die Sperrklausel könnte (oder müsste sogar, das Verfassungsgericht würde es wahrscheinlich verlangen) abgeschafft werden. Deren Notwendigkeit zur Sicherstellung der Funktionsfähigkeit des Parlaments wäre nämlich nicht mehr gegeben, weil sich der mehrheitsverstärkende Effekt, den wir von der Mehrheitswahl kennen (siehe Seiten 50ff.) auch beim Grabensystem, wenn auch in geringerem Maße, auswirken würde. Deshalb wären die erdrutschartigen Verschiebungen, die bei der Mehrheitswahl immer wieder auftreten, in abgemilderter Form auch beim Grabenwahlsystem zu erwarten. Hätte es in Deutschland seit 1998 das Grabenwahlrecht gegeben und wäre mit jeder der beiden Wahlkomponenten die Hälfte der Abgeordneten gewählt worden, so hätte 1998 (natürlich vorausgesetzt, das andere System hätte die Wähler nicht zu anderen Entscheidungen veranlasst) die SPD mit 354 von damals insgesamt 656 Mandaten über eine klare absolute Mehrheit verfügt, nachdem zuvor CDU/CSU und FDP die Regierung gestellt hatten. Natürlich wäre nach einer SPD-Alleinregierung von 1998 bis 2002 das Wahlergebnis in 2002 anders gewesen als es tatsächlich nach der Koalitionsregierung von SPD und Bündnis 90/Grüne der Fall war. Gehen wir aber weiterhin von den realen Wahlergebnissen aus, so hätte es 2002 trotz Grabensystem keine Alleinregierung einer Partei gegeben. SPD und Bündnis 90/Grüne hätten dann mit zusammen 323 (statt mit 306, wie es der Fall war) von 598 Abgeordneten regieren können. Die Abwahl des rot-grünen Bündnisses in 2005 hätte trotz Grabensystem keine anderen Regierungsbündnisse ermöglicht als sie tatsächlich damals möglich waren; wie es der Fall war, hätte sich auch dann also eine Große Koalition ergeben. Diese wäre dann 2009 nicht von einer schwarz-gelben Koalitionsregierung, sondern von einer mit absoluter CDU/CSU-

Mehrheit (325 von 598 Sitzen) gebildeten Regierung abgelöst worden; diese wäre 2013 bestätigt worden.

Das Grabensystem hätte also in manchen Fällen eine Allein- statt einer Koalitionsregierung ermöglicht, aber nie wäre es zu einer Regierung mit anderer Führung gekommen. Kleinere Parteien wären seltener an der Regierung beteiligt. Ob CDU/CSU oder SPD stärker begünstigt würden, hängt von der wechselnden politischen Stimmungslage ab. Neue Parteien hätten es wegen der fehlenden Sperrklausel leichter, ins Parlament zu kommen und sich dann in der Parteienlandschaft zu etablieren (diese Folge würde oben genannte Anzahlen von Mandaten etwas verändern).

Diese zu erwartenden Folgen kann man natürlich unterschiedlich bewerten. Wenn keine Möglichkeit gefunden wird, die personalisierte Verhältniswahl verfassungskonform auszugestalten – wovon wir nach unseren Analysen ausgehen müssen – dürfte in Deutschland die einzige den Bürgern vermittelbare Alternative zum Grabensystem das reine Verhältniswahlrecht sein. Dessen Konsequenzen – keine Wahlkreisabgeordneten mehr, keine Mitwirkung des Wählers an personellen Entscheidungen u.Ä. – sind letztlich also gegen jene des Grabensystems abzuwägen.

Jedes Direktmandat wirkt sich beim Grabenwahlrecht offenbar wie ein Überhangmandat beim personalisierten Verhältniswahlrecht aus: Es ist ein zusätzliches Mandat ohne Anrechnung auf die nach Proporz errungenen Sitze. Insofern erscheint es als paradox, dass das Grabensystem vom Bundesverfassungsgericht ausdrücklich als ein möglicher Weg zur Beseitigung des negativen Stimmgewichts vorgeschlagen wird, während bei den Überhangmandaten – deren Zulassung ja nur ein kleiner Schritt in Richtung Grabensystem ist – schon bei einer Anzahl von ca. 15 die Verfassungswidrigkeit erreicht sei. Doch ist eine Paradoxie ja keine wirkliche Unvereinbarkeit. Der scheinbare Widerspruch löst sich so auf: Wird das Wahlsystem gesetzlich als (personalisierte) Verhältniswahl charakterisiert, so wird mit Überhangmandaten die Gleichheit der Wahl und damit ein Verfassungsgrundsatz verletzt – denn offenbar haben sich die Stimmen derjenigen, die Überhangmandate ermöglicht haben, stärker ausgewirkt als die Stimmen der anderen Wähler. Beim Grabenwahlrecht sind dagegen die beiden Wahlkomponenten getrennt zu betrachten, und weder im einen noch im anderen Teil der Wahl gibt es unterschiedliche Erfolgswerte von Stimmen.

Das Ostrogorski-Paradoxon: Die Mehrheit wählt die Partei, die alles macht, was die Mehrheit nicht will

Dass eine Partei nach einer Wahl andere politische Entscheidungen trifft als vorher angekündigt, soll schon vorgekommen sein. Das ist aber nicht paradox, zumal die Partei dann selten um Erklärungen für ihren Sinneswandel verlegen ist.

Auch bei folgender Sachlage kann man nicht von einem Paradoxon reden, obwohl eine Partei, die sich in allen umstrittenen Fragen gegen die Meinung der Majorität aller Wähler festlegt, mit einer Mehrheit ausgestattet wird: Für jeden Wähler sei eine Frage so wichtig, dass er seine Wahlentscheidung allein davon abhängig macht, wie die Partei in dieser einen Frage zu entscheiden verspricht. Es sei nun weiterhin so, dass bei jeder Streitfrage jener Teil der Wählerschaft, für den jeweils allein dieser Streitpunkt sein Wahlverhalten bestimmt, mehrheitlich entgegengesetzt zur Gesamtwählerschaft eingestellt ist. Dann ist unmittelbar einleuchtend, dass eine Partei eine Wählermehrheit erreicht, wenn sie in jeder Frage zwar die Minderheitsmeinung bei der gesamten Wählerschaft, damit aber jeweils den Mehrheitswillen derjenigen vertritt, die allein von der Wahlaussage zum jeweiligen Thema ihre Wahlentscheidung abhängig machen.

In diesem Abschnitt geht es um einen anderen Fall mit einem höchst erstaunlichen Effekt: Jeder Wähler trifft seine Wahlentscheidung danach, welche Partei bei mehreren Sachfragen die *meisten* in seinem Sinne lösen will. Davon ist jedenfalls dann auszugehen, wenn alle Entscheidungsfragen für jeden Wähler von gleicher Wichtigkeit sind und wenn unterstellt werden kann, dass die Wähler rational entscheiden. Dann kann, trotz bei allen Wählern rational zustande gekommener Wahlentscheidung, der Fall eintreten, dass eine Partei, die in allen Fragen die Meinung der Minderheit vertritt, mit einer Mehrheit ausgestattet wird, so dass in allen strittigen Punkten die Entscheidung entgegengesetzt zum Mehrheitswunsch ausfällt. Das sehen wir an folgendem Beispiel.

Vor einer Gemeinderatswahl wird über drei Fragen gestritten, über die danach von der Gemeindevertretung zu entscheiden ist:

1. Beim erneuerten Sportgelände soll das Fußballfeld nach dem Willen vieler Bürger mit Kunstrasen ausgestattet werden; andere plädieren für Naturrasen.

2. Das Bürgerhaus benötigt eine neue Heizung. Umstritten ist, ob eine Gas- oder eine Holzpelletsheizung installiert werden soll.

3. Es gehen die Meinungen darüber auseinander, ob der neu verputzte Kindergarten einen gelben oder blauen Anstrich erhalten soll.

Zur Wahl treten nur zwei Gruppierungen an, nämlich die Unabhängige Wählergemeinschaft (UWG) und die Freie Wählerliste (FWL). Seitens der UWG hat man sich in den Sachfragen auf den Kunstrasenplatz, die Gasheizung und den gelben Farbanstrich für den Kindergarten festgelegt, während im Wahlprogramm der FWL zu lesen ist, man werde den Naturrasen, die Pelletsheizung und einen blau gestrichenen Kindergarten verwirklichen.

Gemäß oben beschriebener Annahme gehen wir davon aus, dass alle drei Streitthemen für jeden Bürger in gleichem Maße für die Wahlentscheidung maßgebend sind und daher jeder derjenigen Wahlgruppierung seine Stimme gibt, die in mindestens zwei Fragen seinem Willen entsprechend zu entscheiden verspricht (also höchstens einen der drei Punkte anders lösen will, als er es für richtig erachtet).

Bei drei Themen mit jeweils zwei Alternativen gibt es acht Möglichkeiten, wie die Meinungen zu den drei Fragen kombiniert sein können. Diese acht Kombinationsmöglichkeiten seien in der Wählerschaft zu den in der Tabelle (nächste Seite) angegebenen Anteilen vertreten.

In Klammern ist dort vermerkt, welche Wählergruppierung für die jeweilige Lösungsmöglichkeit eintritt.

Wir stellen nun fest:

1. Die Mehrheit der Wähler, nämlich 55%, ist für den Kunstrasen (Zeilen 1 bis 4).

2. Die Mehrheit der Wähler (52%) will die Gasheizung (Zeilen 1, 2, 5, 6).

3. Die Mehrheit der Wähler (51%) tritt für einen gelb angelegten Kindergarten ein (Zeilen 1, 3, 5, 7).

Bei allen drei Streitthemen vertritt also die UWG die mehrheitliche Meinung der Bürgerschaft. Gewählt wird aber mit 61% (!) aller Stimmen die Konkurrenzgruppierung FWL (Zeilen 4, 6, 7 und 8; in diesen Zeilen stehen die Kombinationen, bei denen mindestens zwei der drei Wunschlösungen von der FWL vertreten werden).

	Fußball-platz	Heizung	Farbe Kin-dergarten	prozentu-aler Wäh-leranteil	daraus fol-gende Wahl-entsch.
1	Kunstrasen (UWG)	Gas (UWG)	gelb (UWG)	20%	UWG
2	Kunstrasen (UWG)	Gas (UWG)	blau (FWL)	8%	UWG
3	Kunstrasen (UWG)	Holzpellets (FWL)	gelb (UWG)	7%	UWG
4	Kunstrasen (UWG)	Holzpellets (FWL)	blau (FWL)	20%	FWL
5	Naturrasen (FWL)	Gas (UWG)	gelb (UWG)	4%	UWG
6	Naturrasen (FWL)	Gas (UWG)	blau (FWL)	20%	FWL
7	Naturrasen (FWL)	Holzpellets (FWL)	gelb (UWG)	20%	FWL
8	Naturrasen (FWL)	Holzpellets (FWL)	blau (FWL)	1%	FWL

Dieses erstaunliche Phänomen wird nach dem weißrussischen Politik-wissenschaftler Moissei Jakowlewitsch Ostrogorski (1854-1921) als das *Ostrogorski-Paradoxon* bezeichnet.

Wir versuchen zu verstehen, wie es zu dem verblüffenden Ergebnis kommen kann. Einen erhellenden Fingerzeig hierzu erhält man bei Betrachtung der Wähleranteile, die

- in allen drei Streitfragen
- bei zwei der drei Fragen
- bei nur einer der drei Fragen
- in keiner der drei Fragen

mit den Positionen der beiden Parteien übereinstimmen:

Anteil der Wählerschaft, der ...	FWL	UWG
... in allen drei Fragen mit der Position der Gruppierung einverstanden ist	1% (Zeile 8)	20% (Zeile 1)
... in zwei Fragen mit der Position der Gruppierung einverst. ist	60% (Zeilen 4, 6, 7)	19% (Zeilen 2, 3, 5)
... in nur einer Frage mit der Position der Gruppierung einverst. ist	19% (Zeilen 2, 3, 5)	60% (Zeilen 4, 6, 7)
... in keiner der drei Fragen mit der Position der Gruppierung einverstanden ist	20% (Zeile 1)	1% (Zeile 8)
	100%	100%

(Die angegebenen Zeilennummern beziehen sich auf die Tabelle auf Seite 138.)

Die Summen der Prozentanteile in den beiden ersten Zeilen ergeben wieder die Wähleranteile der beiden Parteien: FWL 61%, UWG 39%.

Die Auflistung zeigt, dass die FWL für ihren Erfolg in Kauf nehmen muss, dass ein relativ hoher Anteil der Wählerschaft, nämlich 20%, in *allen* Streitpunkten gegen ihre Position eingestellt ist; bei der unterlegenen UWG ist das nur 1%. Daraus ergibt sich, dass umgekehrt nur 1%

in allen diskutierten Fragen den Standpunkt der FWL teilen, während 20% in *allen* Punkten dem UWG-Programm zustimmen. Unter jenen aber, die *nicht mit allen* UWG-Entscheidungen einverstanden sind, gibt es zwar einen großen Anteil, der wenigstens zu einem Thema den UWG-Standpunkt teilt (was der UWG nichts bringt), aber nur einen geringen Teil, der in zwei Punkten der UWG zustimmt. Man sieht: Für den Wahlerfolg einer Partei ist es günstiger, eine knappe Mehrheit bei der ebenfalls knappen Mehrzahl der Themenfelder von den eigenen Konzepten zu überzeugen, als bei möglichst vielen Wählern Zustimmung zu allen Programmpunkten zu erzielen.

Zwecks genauerer Analyse betrachten wir die Situation, die vorlag, nachdem sich die beiden Wählergruppierungen erst in zwei der drei Diskussionspunkte – wie nehmen Fußballrasen und Heizungsart – festgelegt hatten. Für dieses Stadium kann die Wählerschaft in drei Gruppen eingeteilt werden:

– die Gruppe der Wähler, die in beiden Punkten der UWG und damit in keinem der beiden Punkte der FWG zustimmen; diese Gruppe macht 28% (Zeilen 1 und 2 der Tabelle auf Seite 138) der Wählerschaft aus

– die Gruppe der Wähler, die in einem der beiden Punkte der UWG (und somit auch in einem Punkt der FWG) zustimmen; der Anteil der Gruppe beträgt 51% (Zeilen 3, 4, 5 und 6)

– die Gruppe der Wähler, die in keinem der beiden Punkte der UWG (mithin in allen drei Punkten der FWG) zustimmen; deren Anteil liegt bei 21% (Zeilen 7 und 8)

Es bringt der UWG nun nichts, wenn sie ihre Position zu Thema 3 (Farbe Kindergarten) so entscheidet, dass viele Wähler aus der ersten oder der dritten Gruppe mit ihr in dieser Frage übereinstimmen, denn die Wähler der ersten Gruppe sind ihr schon sicher, während sie aus der dritten Gruppe niemanden mehr gewinnen kann. Sie muss vielmehr, um eine Wählermehrheit erreichen zu können, aus der zweiten Gruppe einen großen Anteil für sich gewinnen. Wenn nun in dieser zweiten Gruppe, wie es in unserem Beispiel der Fall ist, zu Thema 3 die Mehrheitsmeinung anders ist als in der Gesamtwählerschaft, so muss die

Partei sich also bei Thema 3 gegen die Mehrheitsmeinung der Gesamtwählerschaft positionieren (im Beispiel also: für „blau"). Damit bringt sie die Mehrheit der zweiten Gruppe (im Beispiel also mehr als die Hälfte der 51%, tatsächlich sind es ca. 78% dieser Gruppe, was 40% der Gesamtwählerschaft ausmacht) hinter sich und kommt damit auf 68%.

Vertritt die Partei aber in der dritten Frage ebenso wie in den beiden ersten – wie in der Ausgangssituation angenommen – die Mehrheitsmeinung („gelb"), so gewinnt sie aus der zweiten Gruppe nur eine Minderheit (im Beispiel ca. 22% dieser Gruppe, was 11% der Gesamtwählerschaft ausmacht) für sich und verliert damit die Wahl gegen die Partei, die in allen drei Fragen die zu ihr entgegengesetzte – und damit auch zur Gesamtwählerschaft entgegengesetzte – Position bezogen hat.

Zusammengefasst: Nachdem eine Partei in zwei von drei kontrovers diskutierten Fragen ihren Standpunkt fixiert hat, kommt es bei der Entscheidung in der dritten Frage hinsichtlich ihrer Wahlerfolgsaussichten darauf an, dass sie in diesem dritten Punkt mit möglichst vielen *derjenigen Wähler* übereinstimmt, die in *einer* (nicht beiden) der zwei ersten Punkte der Partei zustimmen. In diesem Teil der Wählerschaft kann die Mehrheitsmeinung aber eine andere sein als in der gesamten Wählerschaft. Orientiert sich eine Partei an der Mehrheitsmeinung der Gesamtwählerschaft, kann es geschehen, dass sie im genannten maßgeblichen Teil der Wählerschaft nur relativ wenig Zustimmung erfährt und damit – selbst wenn sie schon in den beiden ersten und damit in allen drei Punkten die Mehrheitsmeinung vertritt – nur von einer Minderheit gewählt wird.

Das Ostrogorski-Paradoxon zeigt, dass paradoxe Effekte bei Wahlen nicht nur durch Wahlverfahren verursacht werden können. Es resultiert allein aus der Tatsache, dass eine Partei (oder z.B. auch ein Bürgermeisterkandidat) bei einer Reihe von Themenfeldern für bestimmte Lösungsansätze steht und somit bei der Wahl quasi für ein Paket von Sachentscheidungen gestimmt wird.

Das Paradoxon bedeutet nicht weniger, als dass demokratische Wahlen bei manchen Konstellationen zwangsläufig dazu führen, dass in allen strittigen Fragen die Entscheidung gegen den Mehrheitswillen ausfällt. Das Maß unserer Desillusionierung, das damit erreicht ist, nehmen wir zum Anlass, auf weitere Analysen der Konsequenzen von Wahlen und Abstimmungen, von speziellen Wahlverfahren und Abstimmungsmodi zu verzichten.

Doch muss Desillusionierung nicht einhergehen mit Resignation oder indifferenter Einstellung zur Demokratie. Halten wir es lieber mit Winston Churchill[37]: „Die Demokratie ist die schlechteste aller Staatsformen, ausgenommen alle anderen."

Oder wir nehmen von Karl Popper[38] zur Kenntnis, dass die Demokratie zumindest dies leistet: Sie ermöglicht es, eine „Regierung ohne Blutvergießen durch eine Abstimmung loszuwerden"[39]. Und wenn die Regierung im Bewusstsein dessen mitunter doch auch Entscheidungen trifft, die dem Bevölkerungswillen entsprechen, umso besser. Aber allzu unbescheiden darf man in seinen Ansprüchen an die Demokratie eben nicht sein. Zu viele vermeintlich unverzichtbare Forderungen an eine „echte Demokratie" erweisen sich schnell als nicht vereinbar.

---

[37] Sir Winston Leonard Spencer Churchill (1874-1965), britischer Staatsmann
[38] Sir Karl Raimund Popper (1902-1994), österreichisch-britischer Philosoph
[39] Popper, Alles Leben ist Problemlösen, München 1994, S. 208

Mathematischer Anhang[40]

M1a Die Divisormethode mit Abrundung führt stets zum gleichen Ergebnis wie das d'hondtsche Höchstzahlverfahren

Wir betrachten zwei Parteien A und B mit den Stimmenzahlen n_A und n_B. Die bei der Divisormethode mit Abrundung sich ergebenden Mandatszahlen nennen wir p_A bzw. p_B. Ein Divisor, mit dem man diese Mandatszahlen erhält, sei mit x bezeichnet. Dann gilt:

(1) $\quad p_A \leq \dfrac{n_A}{x}$ da sich die Mandatszahl p_A durch Abrundung des Quotienten $\dfrac{n_A}{x}$ ergibt

und (2) $\quad \dfrac{n_A}{x} < p_A+1$ sonst würde die Abrundung mindestens p_A+1 ergeben

Aus (1) folgt: (3) $\quad x \leq \dfrac{n_A}{p_A}$

und aus (2) folgt: (4) $\quad x > \dfrac{n_A}{p_A+1}$

---

[40] Vom griechischen Geschichtsschreiber Herodot (ca. 490 - ca. 424 v. Chr.) wissen wir: „Nichts verleiht einem Buch soviel Gewicht und Würde wie ein Anhang." Das gilt in besonderem Maße für einen mathematischen Anhang.

Entsprechend gilt auch für Partei B: (5) $\quad x \le \dfrac{n_B}{p_B}$

und (6) $\quad x > \dfrac{n_B}{p_B + 1}$

Aus (4) und (5) folgt, dass x zwischen $\dfrac{n_A}{p_A + 1}$ und $\dfrac{n_B}{p_B}$ liegt:

$$(7) \qquad \dfrac{n_A}{p_A + 1} < x \le \dfrac{n_B}{p_B}$$

Ebenso folgt aus (3) und (6), dass x auch zwischen

$\dfrac{n_B}{p_B + 1}$ und $\dfrac{n_A}{p_A}$ liegt:

$$(8) \qquad \dfrac{n_B}{p_B + 1} < x \le \dfrac{n_A}{p_A}$$

Wegen (7) gilt: Wendet man das d'hondtsche Höchstzahlverfahren an, so wird Partei B eher der p_B-te Sitz zugeteilt als Partei A der (p_A+1)-te Sitz (denn die Stimmenzahl von B, dividiert durch p_B, ergibt einen höheren Quotienten als die Stimmenzahl von A, dividiert durch p_A+1). Beim Höchstzahlverfahren bekommt Partei A also gegenüber dem Divisorverfahren mit Abrundung keinen zusätzlichen Sitz auf Kosten von B.

In gleicher Weise ergibt sich aus (8): Beim Höchstzahlverfahren bekommt auch Partei B gegenüber dem Divisorverfahren keinen zusätzlichen Sitz auf Kosten von A.

Zwischen den Parteien A und B gibt es also keine Mandatsverschiebungen, wenn man vom Divisorverfahren mit Abrundung auf das Höchstzahlverfahren umsteigt. Da A und B beliebig herausgegriffene Parteien sind, gibt es bei keinen zwei Parteien und damit auch insgesamt keine Mandatsverschiebungen. Das Divisorverfahren mit Abrundung und das d'hondtsche Höchstzahlverfahren führen mithin stets zur gleichen Sitzverteilung.

Daraus folgt weiterhin: Es kann nicht sein, dass verschiedene Divisoren, die sich beim Divisorverfahren als geeignet erweisen, zu verschiedenen Resultaten führen, denn jedes dieser Ergebnisse stimmt ja mit jenem beim Höchstzahlverfahren überein.

M1b Wenn es nur ganzzahlige exakte Ansprüche gibt, dann führen die Verfahren von Hare und d'Hondt zum gleichen Ergebnis

Wenn der Ausnahmefall vorliegt, dass sich für *alle* Parteien ein ganzzahliger exakter Sitzanspruch ergibt, so sind die Zuweisungszahlen nach Hare alle gleich diesem exakten Anspruch (es sind ja keine Restsitze zu verteilen).

Gleiches gilt auch für das Divisorverfahren mit Abrundung, also nach d'Hondt. Um das zu sehen, muss man als Divisor nur n/p wählen, wobei mit n die Gesamtzahl abgegebener Stimmen und mit p die Gesamtzahl der Parlamentssitze bezeichnet ist. Die Division der auf die einzelnen Parteien entfallenen Stimmenzahlen durch diesen Divisor ergibt nämlich:

$$\frac{n_A}{n/p}, \frac{n_B}{n/p}, \dots \text{ oder } \frac{n_A}{n} \cdot p, \frac{n_B}{n} \cdot p, \dots$$ Diese Quotienten sind offenbar nichts anderes als die exakten Sitzansprüche. Da es durchweg ganze Zahlen sind, ändert sich bei deren Abrundung nichts und die Summe ist die Gesamtzahl p der Sitze. Der Divisor n/p führt also zum Ziel mit dem Ergebnis, dass die Anzahl zugeteilter Sitze wie bei Hare jeweils gleich dem exakten Anspruch ist.

Wenn allerdings zwei Parteien einen nichtganzen Anspruch haben (nur bei einer Partei kann das nicht sein, weil die Summe ja wieder die Gesamtzahl der Parlamentssitze, also ganz, ist), so kann sich für eine andere Partei durchaus bei ganzzahligem Anspruch nach d'Hondt eine Aufstockung ergeben (bei Hare natürlich nicht). Beispiel:

Anzahl Sitze: 9   abgegebene gültige Stimmen: 9000

Partei	A	B	C	D	E	zusammen
Stimmenzahl	6000	1000	1000	600	400	9000
prozentualer Anteil	66,7%	11,1%	11,1%	6,7%	4,4%	100%
exakter Anspruch	6	1	1	0,6	0,4	9

Nach d'Hondt bekommt A nicht 6, sondern 7 Mandate – auf Kosten von D (kein Mandat) – denn die Stimmenzahl von A, durch 7 geteilt, ergibt mehr als die Stimmenzahl von D (durch 1 geteilt):

$$\frac{6000}{7} \approx 857 > \frac{600}{1} \; .$$

M1c Bei d'Hondt schlimmstenfalls Abrundung, kein zusätzlicher Abzug; untere Quotenbedingung also erfüllt

Bei der Anwendung des d'hondtschen Verfahrens kann es vorkommen, dass bei der stärksten Partei der exakte Sitzanspruch nicht nur auf eine ganze Zahl aufgerundet wird, sondern sich darüber hinaus noch eine Aufstockung der Mandatszahl ergibt (obere Quotenbedingung verletzt). Umgekehrt kann es aber nicht passieren, dass die Mandatszahl noch unterhalb des abgerundeten exakten Anspruchs liegt. Das ergibt sich aus folgender Überlegung:

Der Divisor n/p (Bezeichnungen wie im Abschnitt M1b) kann beim Divisorverfahren mit Abrundung nur zum Ziel führen, wenn sich für alle Parteien ein ganzzahliger Anspruch ergibt, der dann der d'Hondt-Zuteilung gleich ist (siehe M1b). Andernfalls würde, da die Quotienten bei Anwendung des Divisors n/p gleich den exakten Ansprüchen sind und die Quotienten beim d'Hondt-Divisorverfahren abgerundet werden, bei Parteien mit nichtganzem Anspruch eine Abrundung des exakten Anspruchs, bei keiner Partei aber dessen Aufrundung ergeben. Dann würde die Summe der Mandate unter p bleiben; der Divisor n/p ist also zu hoch. Die d'Hondt-Verteilung kann sich also nur mit einem Divisor ergeben, der kleiner ist als n/p. Dann liegt der Quotient aus Stimmenzahl einer Partei durch den Divisor immer höher als der exakte Sitzanspruch dieser Partei, sodass die Abrundung des Quotienten auch nicht unterhalb des auf eine ganze Zahl abgerundeten exakten Anspruchs liegen kann.

M1d d'Hondt ist für die stärkste Partei nie ungünstiger als Hare

Es soll nachgewiesen werden, dass unterschiedliche Ergebnisse bei den Zuteilungssystemen von Hare und d'Hondt nie so geartet sind, dass die stärkste Partei beim d'hondtschen System schlechter abschneidet. Dazu verwenden wir wieder die folgenden Bezeichnungen:

Gesamtzahl abgegebener Stimmen: n

Gesamtzahl der Parlamentssitze: p

A sei die stärkste Partei (Stimmenzahl: n_A); deren exakter Sitzanspruch beträgt:

$$(1) \qquad \frac{n_A}{n} \cdot p = g_A + r_A \; ; \qquad \text{dabei ist } g_A \text{ der ganzzahlige Teil,}$$

$$r_A \text{ der Rest (also } 0 \le r_A < 1)$$

Falls das Hare-Verfahren bei Partei A zur Abrundung auf g_A Sitze führt, kann A nach d'Hondt nicht schlechter abschneiden, weil sonst die untere Quotenbedingung verletzt wäre (was, wie in M1c gezeigt wurde, nicht passieren kann). Also muss nur der Fall untersucht werden, dass für A beim Hare-System auf g_A+1 Sitze aufgerundet wird. Wir müssen zeigen, dass A dann auch beim d'hondtschen System (mindestens)

g_A+1 Sitze erhält. Dazu gehen wir von der Annahme aus, das wäre nicht der Fall, dass A also nur g_A Sitze bekommt. Dann müsste es (mindestens) eine Partei geben, die nach d'Hondt einen Sitz mehr bekommt als nach Hare. Wir bezeichnen diese Partei mit B (Stimmenzahl: n_B; exakter Sitzanspruch: $\dfrac{n_B}{n} \cdot p = g_B + r_B$, wobei g_B ganz und $0 \leq r_B < 1$). Partei B erhält nach d'Hondt dann mindestens g_B+1 Sitze (sonst können es nicht mehr sein als bei Hare). Dann muss gelten:

$$(2) \qquad \frac{n_B}{g_B + 1} > \frac{n_A}{g_A + 1} \;;$$

(Andernfalls würde beim d'hondtschen Höchstzahlverfahren Partei A eher den (g_A+1)-ten Sitz bekommen als B den (g_B+1)-ten Sitz; A erhält nach Annahme aber nur g_A Sitze.)

Aus (1) erhält man: $n_A = \dfrac{n}{p}(g_A + r_A)$; entsprechend: $n_B = \dfrac{n}{p}(g_B + r_B)$

Einsetzen in (2) liefert:

$$\frac{n(g_B + r_B)}{p(g_B + 1)} > \frac{n(g_A + r_A)}{p(g_A + 1)}$$

$$\Leftrightarrow \qquad \frac{g_B + r_B}{g_B + 1} > \frac{g_A + r_A}{g_A + 1}$$

$$\Leftrightarrow \qquad \frac{g_B + 1 - 1 + r_B}{g_B + 1} > \frac{g_A + 1 - 1 + r_A}{g_A + 1}$$

$$\Leftrightarrow \qquad \frac{g_B + 1}{g_B + 1} - \frac{1 - r_B}{g_B + 1} > \frac{g_A + 1}{g_A + 1} - \frac{1 - r_A}{g_A + 1}$$

$$\Leftrightarrow \qquad 1 - \frac{1 - r_B}{g_B + 1} > 1 - \frac{1 - r_A}{g_A + 1}$$

$$\Leftrightarrow \qquad (3) \qquad \frac{1-r_B}{g_B+1} < \frac{1-r_A}{g_A+1}$$

Dabei ist $r_B < r_A$, denn sonst könnte nach Hare nicht für A auf- und für B abgerundet werden; außerdem ist $g_B \leq g_A$, da A die stärkste Partei ist.

Beim Bruch auf der linken Seite der Ungleichung (3) ist der Zähler größer als beim Bruch auf der rechten Seite (wegen $r_B < r_A$); zudem ist der Nenner des linken Bruchs höchstens so groß wie der Nenner des rechten (wegen $g_B \leq g_A$). Dann muss der links stehende Bruch größer sein als der rechte. Das steht im Widerspruch zur Ungleichung (3).

Die Annahme, von der wir ausgegangen waren, A erhalte nur g_A Sitze, führt also zu einem Widerspruch und muss folglich falsch sein. Demnach bekommt A mindestens g_A+1 Mandate, also nicht weniger als nach Hare, womit die Behauptung bewiesen ist.

M1e Die relative Aufstockung des exakten Sitzanspruchs ist bei d'Hondt nie höher als sie bei einer anderen Partei wäre, wenn diese einen Sitz mehr bekäme

Bei der Beweisführung verwenden wir wieder folgende Bezeichnungen:

Gesamtzahl abgegebener Stimmen: n
Stimmenzahlen für die Parteien A und B: n_A bzw. n_B
Gesamtzahl der Parlamentssitze: p
Anzahl der Sitze nach d'Hondt für die Parteien A und B: p_A bzw. p_B

Die exakten Sitzansprüche von A und B sind dann: $\dfrac{n_A}{n} \cdot p$ bzw. $\dfrac{n_B}{n} \cdot p$

Es gilt:

$$\frac{n_A}{p_A} > \frac{n_B}{p_B + 1}$$

Sonst bekäme A beim d'hondtschen Höchstzahlverfahren nicht ihren p_A-ten Sitz, bevor B den (p_B+1)ten Sitz erhält.

$$\Leftrightarrow \quad (*) \qquad \frac{p_A}{n_A} < \frac{p_B + 1}{n_B}$$

A sei eine Partei, bei der die nach d'Hondt zugewiesene Anzahl p_A an Sitzen höher ist als der exakte Anspruch. Die „Aufstockung" für Partei A beträgt dann:

$$p_A - \frac{n_A}{n} \cdot p \quad \text{oder} \quad \frac{p_A n - n_A p}{n}$$

Für die relative Aufstockung (Verhältnis aus Aufstockung zum exakten Anspruch) ergibt sich damit:

$$\frac{p_A n - n_A p}{n} : \frac{n_A}{n} p \quad \text{oder} \quad \frac{p_A n - n_A p}{n_A p} \quad \text{oder} \quad \frac{p_A n}{n_A p} - 1$$

Gezeigt werden soll, dass dieses Verhältnis nicht höher ist, als es bei einer beliebigen anderen Partei B wäre, wenn dieser ein Sitz mehr zugeteilt würde. Dieses Verhältnis aus Aufstockung für B bei um 1 erhöhter Sitzanzahl p_B+1 zum exakten Sitzanspruch ist entsprechend:

$$\frac{(p_B + 1)n}{n_B p} - 1 \, .$$

Zu zeigen ist also:
$$\frac{p_A n}{n_A p} - 1 < \frac{(p_B + 1)n}{n_B p} - 1$$

Diese Ungleichung folgt sofort aus Ungleichung (*) durch Multiplikation mit n/p und anschließender Subtraktion von 1, womit die Behauptung nachgewiesen ist.

M2 Die Divisormethode mit Standardrundung führt stets zum gleichen Ergebnis wie das Höchstzahlverfahren nach Sainte-Laguë

Der Beweis verläuft analog zu jenem für die Divisormethode mit Abrundung und dem d'hondtschen Höchstzahlverfahren (M1a). Wir verwenden im Folgenden auch die gleichen bzw. entsprechenden Bezeichnungen wie dort. Da jetzt die Quotienten aus den Stimmenzahlen und einem geeigneten Divisor x standardgerundet werden, gilt:

$$p_A - 0{,}5 \leq \frac{n_A}{x} < p_A + 0{,}5$$

$$\Leftrightarrow \quad (p_A - 0{,}5)x \leq n_A < (p_A + 0{,}5)x$$

$$\Leftrightarrow \quad (1) \quad x \leq \frac{n_A}{p_A - 0{,}5} \quad \text{und} \quad (2) \quad x > \frac{n_A}{p_A + 0{,}5}$$

Entsprechend für Partei B:

$$(3) \quad x \leq \frac{n_B}{p_B - 0{,}5} \quad \text{und} \quad (4) \quad x > \frac{n_B}{p_B + 0{,}5}$$

(2) und (3) zusammengefasst: $\quad (5) \quad \dfrac{n_A}{p_A + 0{,}5} < x \leq \dfrac{n_B}{p_B - 0{,}5}$

(1) und (4) zusammengefasst: $\quad (6) \quad \dfrac{n_B}{p_B + 0{,}5} < x \leq \dfrac{n_A}{p_A - 0{,}5}$

Beim Höchstzahlverfahren nach Sainte-Laguë ist für die Zuteilung des ersten, zweiten, dritten, ... Sitzes für eine Partei der Quotient maßgebend, der sich bei Division der Stimmenzahl durch 0,5-1,5-2,5-... ergibt. Ob Partei A also beim Höchstzahlverfahren p_A Sitze zugewiesen werden, kommt auf den Wert $\dfrac{n_A}{p_A - 0{,}5}$ an; ob A sogar p_A+1 Sitze bekommt, entscheidet sich durch den Wert von $\dfrac{n_A}{p_A + 1 - 0,5}$ oder

$\dfrac{n_A}{p_A + 0,5}$; Entsprechendes gilt für Partei B. Demnach folgt aus (5):

Eher bekommt Partei B beim Sainte-Laguë-Höchstzahlverfahren p_B Sitze, als dass p_A+1 Sitze an Partei A gehen.

Genauso ergibt sich aus (6): Eher kommt A auf p_A Sitze als B auf p_B+1 Sitze.

Der Übergang vom Divisorverfahren mit Standardrundung zum Sainte-Laguë-Höchstzahlverfahren führt also zu keiner Mandatsverschiebung zwischen den beliebigen Parteien A und B. Es gibt somit zwischen keinen zwei Parteien eine Mandatsverschiebung. Folglich führen die beiden Berechnungsmethoden stets zur gleichen Sitzverteilung.

Damit ist auch nachgewiesen, dass bei zwei verschiedenen Divisoren, die sich beim Divisorverfahren mit Standardrundung als geeignet erweisen, niemals die Ergebnisse verschieden sein können (sonst könnten sie ja nicht alle mit dem Resultat bei der Höchstzahlmethode nach Sainte-Laguë übereinstimmen).

M3 Aus 51% werden mit 99,9%-iger Wahrscheinlichkeit 100%

In hundert Wahlkreisen gibt es jeweils 100000 Wähler. Von den insgesamt 10 Millionen Wählern stimmen 51%, also 5,1 Millionen für Kandidaten von Partei A, die restlichen 49% (4,9 Millionen Wähler) für Kandidaten von Partei B. A- und B-Wähler seien *zufällig* auf die hundert Wahlkreise verteilt.

Zunächst: Mit welcher Wahrscheinlichkeit wird dann ein *bestimmter* Wahlkreis vom dortigen Bewerber der A-Partei gewonnen?

Nimmt man einen beliebigen Wähler, so votiert dieser mit 51%-iger Wahrscheinlichkeit für den A-Kandidaten in seinem Wahlkreis. Wenn das bei mindestens 50001 Wählern des Stimmkreises der Fall ist, hat der A-Kandidat den betreffenden Wahlkreis gewonnen. Die Wahrscheinlichkeit hierfür ist die gleiche wie bei 100000-maligem Wurf einer speziell präparierten Münze, bei der sich mit 51%-iger Wahrscheinlichkeit „Kopf" ergibt, für mindestens 50001 Mal „Kopf". Das Ergebnis „Kopf" beim Einzelwurf bezeichnen wir im Folgenden auch als „Treffer".

Wahrscheinlichkeiten für Mindestzahlen von Treffern werden bei hoher Anzahl von Wiederholungen des Einzelexperiments in sehr guter Näherung mit der „globalen Näherungsformel von Laplace[41]" bestimmt[42]:

Wahrscheinlichkeit für mindestens k Treffer $\approx$

$$1 - \Phi(\frac{k - 0{,}5 - np}{\sqrt{np(1-p)}})$$

---

[41] Pierre Simon Marquis de Laplace (1749-1827), französischer Physiker und Mathematiker

[42] Wenn die Trefferwahrscheinlichkeit im Einzelexperiment in der Nähe von 50% liegt, kann schon ab ca. 50 Durchführungen mit der Näherungsformel gerechnet werden.

Dabei ist Φ die Gaußsche[43] Integralfunktion[44], n die Anzahl der Ausführungen des Experiments (hier also: n=100000) und p die Trefferwahrscheinlichkeit im Einzelexperiment (hier: p=51%=0,51). Hier also:

Wahrscheinlichkeit für mindestens 50001 Treffer $\approx$

$$1 - \Phi(\frac{50001 - 0,5 - 100000 \cdot 0,51}{\sqrt{100000 \cdot 0,51 \cdot 0,49}}) = 1 - \Phi(-6,33)$$

Für die Gaußsche Integralfunktion Φ gilt: $\Phi(-t) = 1 - \Phi(t)$, womit sich ergibt:

Wahrscheinlichkeit für mindestens 50001 Treffer $\approx \Phi(6,33)$

Für die Funktionswerte von Φ gibt es Tabellen. Man entnimmt dort:

$\Phi(6,33) \approx 0,9999999998$. Die Wahrscheinlichkeit, dass ein bestimmter Wahlkreis vom A-Kandidaten gewonnen wird, beträgt also 99,99999998% !

Das gilt für jeden der hundert Wahlkreise. Die Wahrscheinlichkeit, dass *alle* von Kandidaten der A-Partei gewonnen werden, ist dann:

$(0,9999999998)^{100} \approx 0,99999998 = 99,999998\%$

Unter der (unrealistischen) Annahme, dass die Wähler nach dem Zufall auf die Wahlkreise verteilt sind, wäre es also praktisch sicher, dass das Parlament nur aus Abgeordneten der Partei A besteht.

---

[43] Carl Friedrich Gauß (1667-1754), deutscher Mathematiker und Astronom
[44] Die Gaußsche Integralfunktion ist wie folgt definiert:

$$\Phi(t) = \int_{-\infty}^{t} \frac{1}{\sqrt{2\pi}} \, e^{-\frac{1}{2}x^2} \, dx$$

Namen- und Sachregister

Zeitfracht Medien GmbH
Ferdinand-Jühlke-Straße 7
99095 Erfurt, Deutschland
produktsicherheit@kolibri360.de